alternative
革命のオルタナティヴ
revolution

†復刊ライブラリー

赤軍と白軍の狭間に

レフ・トロツキー著／楠木俊訳

風塵社

凡　例

＊（　）は原著のものであり〔　〕は訳者が言葉を補う場合に用いてある。

＊原註は各文節末に挿入してあり、訳註は巻末に一括してある。

＊イタリック体には傍点を付してある。

本書は、1973年に鹿砦社から刊行された『赤軍と白軍の狭間に』（トロツキー著、楠木俊訳）を復刊したものである。

復刊に際し、明らかな誤植は改め、一部の用語を現在的に変更している（ソヴェート→ソヴィエト、ロシヤ→ロシアなど）。

グルジヤ（現ジョージア）は原書執筆時の歴史的状況に鑑みて、グルジアと改めた。

現代的な視点からは不適切な表現もあるが、時代性を考慮してそのままとしてある。


風塵社が本書を復刊することを快くご了承してくださった鹿砦社の松岡利康社長に、心からの謝辞を申し述べる。

前線におけるトロツキーとその装甲列車

トロツキー　1920年　ヴォルガ

赤の広場でのトロツキー

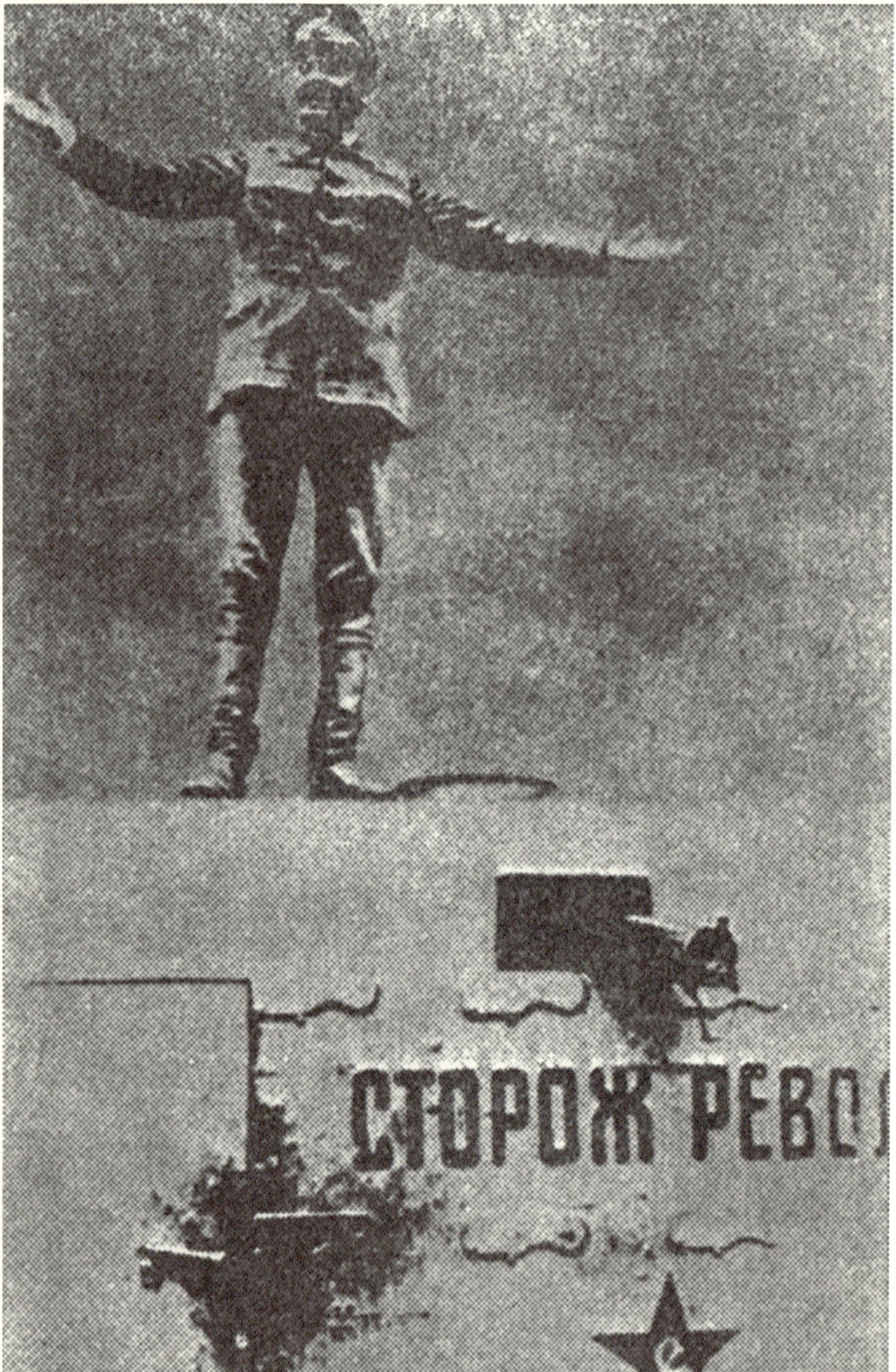

装甲列車「革命の衛兵」号上から演説するトロツキー

ザカフカースにおけるソヴェート権力樹立闘争（1920年－1921年）

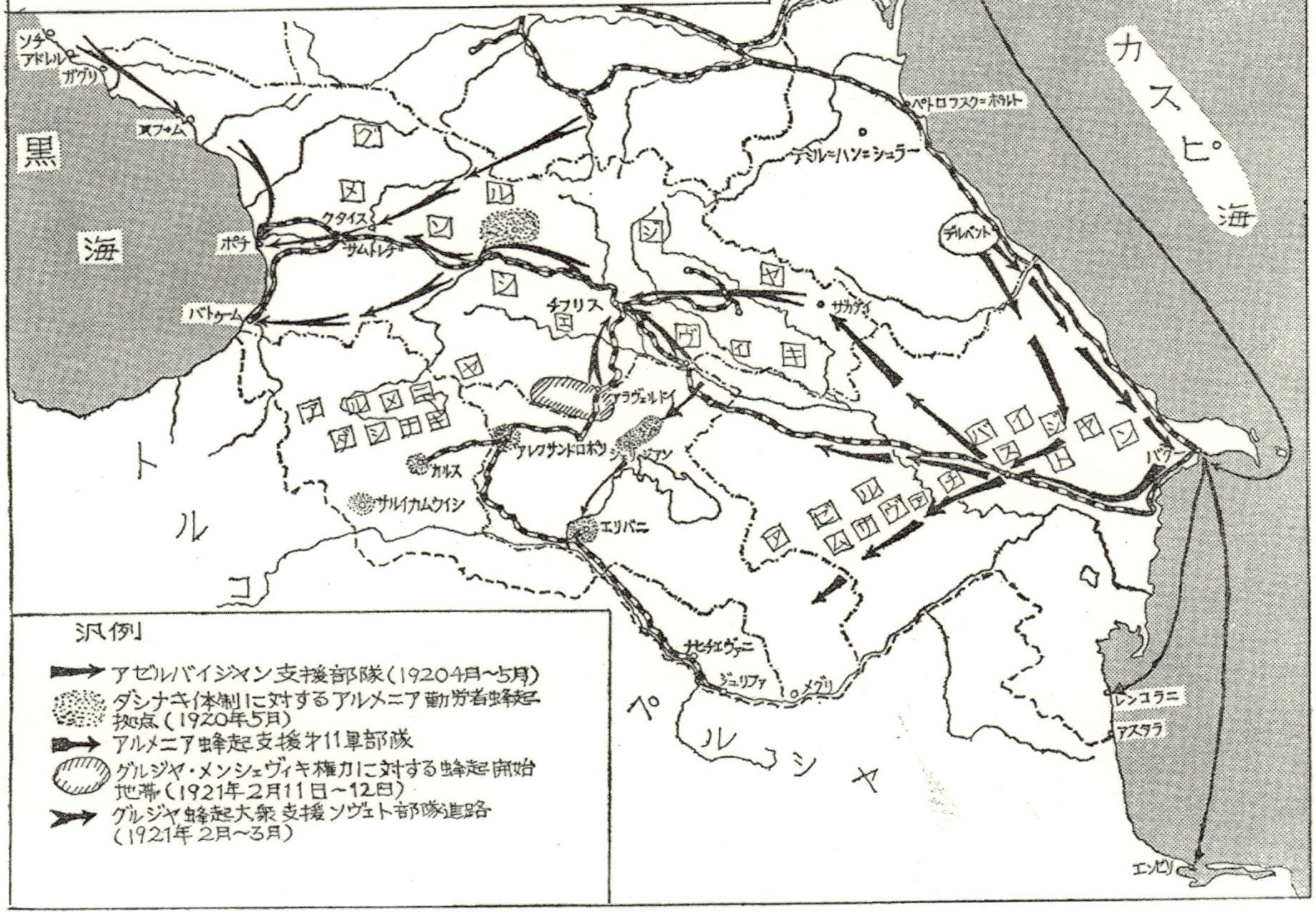

赤軍と白軍の狭間に　—　目次

献辞

一九一八年九月二〇日、ザカフカース〔南コーカサスとも〕に於けるイギリス当局、とりわけザカフカース・イギリス軍司令官陸軍少将トムプソンの承認と許可のもとに、アスハバート駐在イギリス軍事使節団長ティーグ＝ジョーンズによってザカフカースのペレヴァル駅―アフチャ駅間の寂寥たる場所で、尋問も裁判もなしに銃殺された、スチェパン・シャウミャーン、アレクセイ・ジャパリーゼおよび二四名の他のバクーの共産主義者たちの想い出のために――

一九一八年二月一〇日、チフリスのアレクサンドル公園に於ける集会の最中に、メンシェヴィキ政府の手で射殺された労働者たちの想い出のために――

ソヴィエト体制をめざす闘争の中で、ザカフカース《民主》連邦政府、《民主主義的》グルジアのメンシェヴィキ政府、ザカフカース《民主主義》の同盟者たるサルタンの軍隊、メンシェヴィキ・グルジアの守護者たるホーエンツォレルン家の軍隊、共産主義者に対するメンシェヴィキとの共同闘争のためグルジアに侵入したイギリス軍、グルジア・メンシェヴィキに直接・間接に支援されたヂェニーキンおよびヴランゲリの白軍等の手で銃殺され、絞首され、拷問されて消えていった何十、何百、何千というカフカースの共産主義者たちの想い出のために――

グルジア・メンシェヴィキ政府によって銃殺された、オセチア、アブハジア、アジァリア、グーリヤ等の農民叛乱の革命的指導者たちの想い出のために――

著者は、抑圧者、搾取者、帝国主義者、盗人、殺人者さらにそれらの政治的手先きや唯々諾々たる下僕どもの陣営から暗雲の如く発生している嘘言や中傷誹謗の正体を暴く目的をもって書かれた、**本書を献げる**。

序文

　これらの文章が書かれている現在、われわれは、ジェノア会議(1)に予定された時から三週間近くもほっておかれている。見たところでは、未だ誰も実際の会議の幕明けまでどれほどの時間がわれわれを隔てているのか断言はできない。この会議をめぐる外交的駆引きは、ソヴィエト・ロシアについての政治的煽動と密接に織りまぜられている。ブルジョワジーの外交政策とその社会民主主義との間には、分業の原則が正確に看てとれる——外交政策は自己の陰謀を推し進め、他方では社会民主主義が労働者と農民の共和国に反対する世論を動員するというわけである。

　この民主主義の目的は何か？　革命ロシアに可能な限りもっとも苛酷な税を課すこと、最大限度の賠償金を支払うよう強制すること、ソヴィエト領土に対する私的資本の侵入を可能なかぎり広範囲に展開させること、労働者・農民に比して外国人およびロシア人の金持ち、工業家、高利貸どもに可能な限り最大限の特権を設けること、である。こうした要求をこれまでにしてきた仮面、すなわち《民主主義》、《権利》、《自由》等々は、ちょうど商人が商品を陳列したり、売買したり、ヤードで計り売りしたりすることが必要な時に反物から包装紙を取り除くように、今やブルジョワ外交によってうち捨てられてしまった。

だが、ブルジョワの社会は、何物をも浪費することを許容しないものだ。《権利》という包装紙は、社会民主主義へと手渡された、というのは、たまたまそれが社会民主主義の特別好みの商品であり、いわば、商売道具だからである。第二インターナショナルは――そして後で述べられることは、その左翼的影法師である第二半インターナショナルにも同様にあてはまるのだが――、ソヴィエト政府が《権利》も《民主主義》も遵守しない以上、ロシアの労苦する大衆は全世界の高利貸に抗するその闘争において支援されるに値しないのだ、ということを労働者に向かって証明しようとやっきになっている。われわれは、周知のように、一〇月革命によって《権利》と《民主主義》とを冒瀆するといった恐るべき大罪を犯した。これが、われわれの原罪を意味している。最初の数年間ブルジョワジーは、剣を持って革命を粉砕しようと試みた。現在、彼らは事実上の資本主義的修正を導入することで満足している。今やこうした修正の規模をめぐって闘争は集中しているのだ。

しかしながら第二インターナショナルはジェノア会議に乗じて《権利》を回復しようと願っており、このことは、まったく明確な一つの計画――ソヴィエト政府の《高利貸》や《独裁者》や《テロリスト》たちをジェノアに入れずに、代りにその席に憲法制定会議の民主主義的遺物を招聘する――を意味していたはずである。だが、そうした問題のたてかたはあまりにも馬鹿げたものであり、しかもそのうえ、それはブルジョワジーの計画に逆らうことになるだろう。第二インターナショナルは、民主主義の武者修業者といった役割に対しては、まったく権利を主張していない。それは、そのサンチョ・パンサにしかすぎないのだ。それは、全体を俯瞰するかたちで問題を提起することはあえてしない。たんに、ちっぽけなものを手に入れた後で、もっと欲しいと喉を鳴らすにすぎないのだ。

ちっぽけな民主主義的獲得物をめざすこの闘争旗が、ちょうど今、グルジアの地でうち振られている。グルジアにおけるソヴィエト革命は、わずか一年前に起こったばかりである。グルジアの実権を掌握していたのは、第二インターナショナルの党であった。メンシェヴィキ共和国は、帝国主義とプロレタリア革命との間を常に動揺しており、前者の後者に対する闘争に際しては前者の側に組みせんと努めていた。このことは、第二インターナショナルの役割と、まったく軌を一にしている。グルジア・メンシェヴィキは、自身の滅亡をもって、その反革命との密通を償うこととなった。それと同じ避けようもない結末が、第二インターナショナル自体を待ちうけているのだ。とすれば、《民主的》グルジアのための国際社会民主主義の闘いが、たとえ何ほどかの象徴的な性格を帯びたとしてもさして不思議なことではなかろう。

だが、第二インターナショナルのもっとも豊かな頭脳をもってしてさえも、ミリュコーフ、ケレンスキー、チェルノーフあるいはマルトフの[2]《民主的権利》の擁護者たちによって未だ着古されたわけではないグルジア・メンシェヴィキの偽瞞に都合の良いいかなる議論も展開することはできないであろう。原則的にいえば、この二組の賠償請求者たちの間には、どのような差異も絶対に存在していない。社会民主主義者たちは、かつて帝国主義者の新聞が二つ折り判で発行していたものを、現在八つ折り判で提供しているのだ。このことは、グルジア問題に関する第二インターナショナル執行委員会の決議を熟読することで、たやすく納得できよう。

この決議の条文は、検討に値する。その文体は、たんに個々人ばかりでなく、その党派をも映し出している。プロレタリア革命に語りかける際の第二インターナショナルの政治的語り口を傾聴してみよう――

（一）　グルジアの領土はモスクワ政府の軍隊によって占領されており、この軍隊はグルジアで、住民大衆から憎悪され全世界のプロレタリアートからグルジア共和国の破壊とその地に樹立されたテロリスト体制とにもっぱら責任を有すると見做されている政府なるものを維持している。

これは全体として、過去四年間に全世界の反動的新聞・雑誌によってソヴィエト連邦に関して使用されてきた言い回しではないのか？　そうした新聞・雑誌は、ソヴィエト体制かロシアの民衆から憎悪されており、軍事的テロリズムによって維持されていると論じてはいなかったろうか？　われわれは、ペトログラード〔のちにレニングラード、現サンクトペテルブルク〕とモスクワを「レット人、中国人、ドイツ人それにバシキール人諸連隊」の援助をうけて守り抜いたのではなかったろうか？　ソヴィエトの権力は、ウクライナ、シベリア、ドン、クバーン、アゼルバイジャンへ「暴力的に」拡がったのではなかったろうか？

もし、第二インターナショナルが、われわれが反動的輩どもを撃退しおわった現在、とくにグルジアに関して、まったく同じ言い回しを逐語的に繰り返すとすれば、それは、彼らの性格を多少とも変えるものなのだろうか？

（二）　モスクワ政府の責任は、最近のグルジアにおける諸事件、とりわけ労働者（？）によって組織され、反動的政府の手でなされたのと同様に武力をもって弾圧された抗議ストライキの後では、さらにいっそう重大なものとなった。

そうだ、グルジア革命政府は、労働者・農民国家に対してサボタージュを実行せんとする、メンシェヴィキの鉄道官僚の親玉や逃亡しそこねた小役人、白衛軍将校どもの計画を挫折させた。こうした抑圧に関して、フランスにおけるかなり著名な帝国主義の下僕たるメラン[3]は、わが家を棄てて立ち退くことを余儀なくされた「何千人」というグルジア市民のことを書いている。「そうした亡命者たちの中には――われわれは原文を忠実に引用している――、きわめて多数の将校および共和国の旧官吏、さらには人民親衛隊の全指導者たちが含まれている」 こうしたものこそまさに、三年間にわたって革命的労働者および絶え間なく叛乱を続けるグルジア農民を無慈悲に弾圧したメンシェヴィキ機構そのものなのであり、彼らはメンシェヴィキが打倒されたのちも、協商国による復興の企てを手ぐすねひいて待ちかまえる尖兵として留まっていたのである。グルジア革命政府がこのサボタージュを起こした官僚どもを断固として処断したことを、われわれは完全に認めるものだ。だがわれわれは、他ならぬこうしたことどもを革命の全領域を通じて行なってきた。ペトログラードおよびモスクワにおけるソヴィエト支配の樹立は、メンシェヴィキおよび社会革命党官僚の指導下に企てられた鉄道ストライキという最初の障害に遭遇した。労働者の支持を得てわれわれはこの官僚どもを粉砕し、掃き清め、勤労人民の権威の下に従属させたのである。全世界の反動的屑どもは、われわれの野蛮なテロリズムについて大声でわめきたてた。今、その反動的屑どもと同じ悲憤慷慨が、このたびはグルジアに関してだけだが、社会民主主義指導者たちによって繰り返されている。どこに違いがあるというのだ?

ところで、社会民主主義指導者たちが口を歪めてストライキの暴力的弾圧や「反動的政府」の手口について物を言えるというのは、いささか奇異なことではなかろうか? というのも、われわれは第二インターナショナルを構成している人間がどういう類の連中か知ってはいないのか? ノスケとエーベルト(4)は、その指導的なメンバーである。あるいはもう彼らは除名されてしまったとでもいうのか? どれほど多くの労働者のストライキと叛乱を彼らは粉砕したことだろう? それにひょっとすると、彼らは、ローザ・ルクセンブルクとカール・リープクネヒト(5)の殺害者ではないのか? ドイツの三月行動を血の海に沈めるために挑発したのは、おそらくは第二インターナショナルの一員、社会民主主義者のヘルジング[6]ではなかったのだろう？　さらに、ドイツの鉄道ストライキに対抗してとった社会民主主義者エーベルトのごく最近の措置はどう考えればよいのか？

多分、ロンドンに置かれている執行委員会は、ヨーロッパ大陸で何が起こっているのかを知らないのだろう。だがそれならば、ヘンダーソン[7]に、ご丁寧な質問をひとつしてもさしつかえなかろう――彼は、イギリス軍がダブリンを砲撃し、すでに負傷していた社会主義者コノリー[8]を含む一五名のアイルランド人を処刑した、アイルランドの一九一六年のイースター蜂起の際に枢密顧問官ではなかったのか？　と。ことによると、第二インターナショナル前議長で、ちっぽけな王国のけちな枢密顧問官たるヴァンデルヴェルデ[9]は大戦中に労働者と農民の血の海に首までつかってアップアップしつつ、やがてすぐにその中へ没する運命にあったツァーリズムと和解するよう、ロシアの社会主義者たちに訴えなかったとでもいうのか？　これ以上例を引く必要があろうか？　第二インターナショナルの指導者たちは当然にも、イスカリオテのユダが誠実さを主張せざるをえなかったのと同様に、反撃する権利を保持している。

(三)　モスクワ政府が他国による自己の承認を求める場合には、それは自己のために得たいと望んでいるのと同様の尊敬の念をもって他国の権利を遇すべきであり、文明諸国家間の相互関係が必ず立脚せざるをえない基本的原則を侵犯することを慎まねばならない。

政治的語り口は、党派の魂そのものを映し出す。最後のくだりは、第二インターナショナルの最高傑作となっている。もしソヴィエト・ロシアが承認を望むなら（誰から？）、それは「同様の（どんな？）尊敬の念をもって他国の権利を遇し、文明諸国家間の相互関係が必ず立脚せざるをえない基本的原則を侵犯（原文のまま）せぬように」すべきである。

誰がこれを書いたのか？　われわれは、ロンゲ[10]が第二半インターナショナルへ移ったという事実がなかったら、彼自身を疑ったことだろう。おそらくこれは、ベルギー国王の典雅な法律顧問たるヴァンデルヴェルデの手になるものではなかろうか？　あるいはひょっとすると、兄弟団での自己の日曜説教の一つに勇気づけられたヘンダーソン氏によるものかも知れない？　この比類なき決議文の執筆者をつきとめることは、歴史のためにも肝要なことである。いったい誰が、この病める精神の所産に責任を有するのか？

それはさておき、われわれは条文に立ち戻ろう。ブルジョワジー、帝国主義者、奴隷所有政府（というのも、引用した条文は明らかにそれらを指しているのだ）によって承認を受けるためには、ソヴィエト政府は、「原則」を侵犯することを慎しみ、「同様の尊敬の念をもって他国の権利を遇す」べきである。同様の……をもって、どういう「尊敬の念」を？

三年間というもの、帝国主義諸政府は、われわれを転覆しようと試みてきた。彼らは、失敗した。彼らの経済的立場は、絶望的なものとなっている。彼ら相互間の反目と抗争は、極度に激烈な段階に到達してきた。彼らは自分たちがソヴィエト・ロシアと、その原料・市場・負債返済を求めて、関係を結ばざるをえなくなっていることに気付いたのだ。こうしてその招請状を出すにあたって、ロイド・ジョージ[11]はブリアン[12]に、国際的道義は東の人殺し（トルコ）とばかりでなく、北の人殺し（ソヴィエト・ロシア）とも協定を締結することを許容するものだと釈明した。われわれは、ロイド・ジョージが用いた激しい表現に立腹する気はない。この問題については、われわれは彼のあからさまな方式を完全に受け入れる。然り、われわれは、東ばかりでなく西の帝国主義的人殺しどもと協定を締結することが、（一定の限度内で）可能であり、是認されるべきであり、必要である、と強く考えているのである。

　われわれに責務を負わせる協定なるものは、同時にわれわれの敵についても、われわれに対する武装攻撃を断念することを強いるはずである。そんなところが、さしあたり測りうるかぎりでの、四年間にわたる公然たる闘争の総決算なのだ。もちろんブルジョワ諸政府は、「文明諸国家間の相互関係が必ず立脚せざるをえない基本的原則」の承認を要求している。だがこうした原則は、民主主義や民族自決の問題とは何ら共通するものを有していない。われわれは、他ならぬグルジア、フィンランド、ポーランド、国境沿いの全県、そして大ロシア自体の勤労大衆を粉砕するためにツァーリズムがこしらえた借金を認めるようあからさまに要求されているのである。

　さらにわれわれはまた、革命の結果、損失をこうむった個々の資本家に補償金を支払うよう求められてもいる。プロレタリア革命が、「文明諸国家間の相互関係」が基礎づけられているもっとも神聖な原則と見做される金持ちの懐ぐあいを何ほどか痛めたことは否定できない。このことは、ジェノアでも他の場所でも論ぜられることだろう――だが第二インターナショナルの指導者たちは、どのような原則について語ろうというのか？　それは、いまこの瞬間に国家間の相互関係を規定しているヴェルサイユ講和条約の強盗的原則、すなわちクレマンソー[13]やロイド・ジョージやミカドの原則なのか？

　それとも彼らは、その老獪な、言い逃れ専門の舌で、いまは未だそうではないが、やがては国家間の相互関係を当然決定することになる原則についてお喋りしようというのか？　もし後者ならば、いったい何故に彼らは、われわれが現帝国主義諸国家の光栄ある《家族》の一員として迎えられることに対していまごろ邪魔物よろしくしゃしゃり出てくるのか？　それとも彼らは、われわれが明日になれば存在するかも知れぬ相互関係を期待して、今日武装解除し、帝国主義者の前に領土を明け渡すことをお望みなのか？われわれはすでに、全世界の注視の中で、そのような経験を味わったことが一度ある。われわれは、ブレスト＝リトフスク交渉の際に、公然と武装解除を行なった――それはドイツ軍国主義がわれわれの前線を侵略するのを阻止してくれたであろうか？　あるいは第二インターナショナルの牙城たるドイツ社会民主主義が、当時、叛乱の旗を翻えしてくれたろうか？　とんでもない。それは、ホーエンツォレルン家の支配的政党として留まっていたのである。

グルジアでは、かつて小ブルジョワ的メンシェヴィキ派が支配していた。こんにち、そこを統治しているのは、グルジア・ボリシェヴィキ党である。メンシェヴィキはヨーロッパおよびアメリカ帝国主義の物質的援助に依存していたが、グルジア・ボリシェヴィキはソヴィエト・ロシアの支援を頼みとしている。いったいどのような論理的根拠に立って社会民主主義インターナショナルは、ソヴィエト連邦と資本主義諸国家との講和締結に対して、グルジアのメンシェヴィキへの返還という条件をつけようと望んでいるのか？その論理は拙劣ではあるが、その目的とするところは歴然としている。第二インターナショナルは、ソヴィエト権力の打倒を願ってきたし、今もそう願っているのだ。この方向へ向けて、それは可能なかぎりありとあらゆる努力を重ねてきた。それは、独裁制に抗して戦う民主主義の仮面をつけて、資本主義と手に手をとってこの闘争を遂行してきた。ヨーロッパの勤労者大衆は、それがこうした姿勢をとることを追及し、そのソヴィエト共和国に対する公然たる闘争を阻止したのであった。今や社会民主主義は、グルジアの擁護というカモフラージュのもとに、この闘争を再開してきている。

全世界の労働者大衆はすぐさま、ロシア革命をその全体性において考察する用意ができていることを示したし、この点において、彼らの革命的本能は——初めてではないにしても——高度の論理的意識と合致しており、それは、ヒロイズムと残酷さ、個々人のための闘いと個々人に対する抑圧とを合わせ持つ革命というものが、その内的諸関係の実体的論理を通じてのみ理解されうるものであり、その個々の様相や切り離されたエピソードを真・善・美の定価表に沿ってどのように評価しようとも理解できるものではないことを、教えてくれるのである。共産主義が独裁制の革命的原則とその方法とを擁護して戦い抜いた最初の理論的闘争は、その実を結んだ。社会民主主義は、最終的に、マルクス主義の方法ばかりかそのうえ用語とも無縁なものとなりはてた。ドイツ独立社会民主党やイタリア社会党あるいはその同類は、傘下の労働者たちの圧力のもとに、独裁制を「承認した」が、その分だけはっきりと独裁制をめざして戦えない自己の無能力さをさらけだしている。共産党は生長し、一個の勢力となった。だがしかし、プロレタリア革命の発展途上に大きな障害が立ちはだかった。その意味と重要性とは、共産主義インターナショナル第三回大会で十分明確に説明された。(14) 共産党の伸長に表現された革命的意識の結晶化に続いて、第一次大戦後期の革命的感情の退潮が始まったのである。ブルジョワ的世論は、一挙に攻勢をとりはじめた。その主要な任務は、革命のもつ魔力を破砕するか、少くとも弱めることだった。

一大事業——そこでは、むき出しの囂《かまびす》しい嘘は、真実の断片を注意深く選びとることに較べても、ブルジョワになにほどの利益をもたらしはしないであろう——が開始された。ブルジョワジーは、自己の新聞による偵察を介して、裏口から革命にしのび寄ろうとした。諸君は、プロレタリア共和国なるものが何を意味するか知っているのか？　喘息にあえいでいる機関車、発疹チフスを運ぶしらみ、暖房もない貸間住いの高名な尊敬すべき弁護士の令嬢、不潔な便所に投獄されているメンシェヴィキたち——これこそ労働者革命が意味するものなのだ！　ブルジョワ・ジャーナリストたちは、顕微鏡で拡大したソヴィエト産のしらみを、全世界に公開した。スノーデン夫人[15]が、ヴォルガ地方からテームズ河畔へ戻ってきて最初にしなければならないと気付いたことは、公衆の面前で自分の身体を掻きむしることだった。これは、野蛮に対する文明の優越性を象徴する儀式とでもいうべきものとなった。しかしながら、こうしたことは、問題を解決してはくれなかった。ブルジョワ的世論に絶えず情報を吹込んでいる御仁たちは、革命に……裏口からしのび寄り、顕微鏡の鎧で身を固めた。彼らは、いくばくかの瑣末事を御大層な、異常とさえいえる程の執心さをもって調べあげた——ところが、彼らの調べあげたものは、プロレタリア革命とは縁もゆかりもなかったのである。

　しかしながら、この問題をわれわれの経済的窮迫や社会的無秩序といった平面に持ち込んでくれるだけでも、一歩前進であった。ソヴィエト体制を凌ぐ憲法制定会議の優越さについての単調な、あまり賢いとはいえないお喋りの中から、ブルジョワ的世論は、いってみれば現に存在しているのがわれわれであり、憲法制定会議は存在していず、これからも存在することは決してないであろうことを、認識するにいたった。輸送その他の混乱を実質的に暴露することは、彼らの流儀によれば、事実上のソヴィエトの承認に等しいものだった。そしてこうして暴露されたことは、われわれ自身も同様に気づかい、努力していることなのである。だが、承認は決して和解を意味したのではない。それは、ただ無益な突撃が陣地戦にとって代えられたことを意味していたにすぎないのだ。われわれは皆、大戦中に独仏戦線における戦闘が、突然、ある《樵夫小屋》をめぐって集中されたことを憶えている。数週間というもの、この小屋は戦時公報の中で重要な位置を占めた。たしかにこの小屋の争奪戦は、敵の戦線を突破する攻撃か、あるいは、ともかくも敵に可能な限り最大の打撃を与えることを意味していたのである。

われわれに対するその死活を賭けた闘争を継続するにあたって、ブルジョワ的世論は当然にもグルジアを陣地戦の現局面における樵夫小屋として利用することとなった。ノースクリフ卿、ユイスマン、グスタフ・エルベ[16]、ルーマニアを牛耳っている山賊ども、マルトフ、王党派のレオン・ドーデ[17]、スノーデン夫人とその未婚の伯母カウツキー、さらにはルイゼ・カウツキー夫人[18]（「ヴィエナー・アルバイター・ツァイトゥング」紙の）まで、いってみればブルジョワ的世論の兵器庫にあるありとあらゆる武器が、民主的で誠意にあふれ、しかも厳密に中立的なグルジアを擁護するために活用されたのだ。

かくしてわれわれは、一寸見たところでは不可解なものに映るところの、新たな狂気の爆発を目撃することとなる――当初はソヴィエト制度全体に対して向けられていたあらゆる（政治的、法律的、道徳的、犯罪的）攻撃が、いまやグルジアにおけるソヴィエト権力に対してふりむけられている。どうやらグルジアの地では、ソヴィエトが人民の意志を表現できずにいるらしい。とすれば、大ロシアはどうなのだ！　彼らは、レット人連隊と中国人連隊の援けを借りた憲法制定会議の解散をほんとうにもう忘れてしまったのか？　根なし草だったわれわれが、にもかかわらず《外部》（!!!）からの武力援助を受けて、もっとも良識ある民主的政府を――それがどれほど深く根付いたものであったにしても――空中に四散させたということは、とうの昔に立証されたのではなかったのか？　おやおや紳士諸君、これは諸君が言い出した議論に他ならないのだ！　諸君が数週間内にソヴィエトが倒壊すると予言したのは、まさにこうしたことを理由にしていたのだ！　クレマンソーもヴェルサイユ交渉が始まる時そう予言したし、カウツキー[19]もドイツ革命の開始に際してそう予言した。それではなぜ、すべてのお喋りが、今、グルジアに限定されているのか？　ジョルダニア[20]とツェレチェリ[21]が現在、そこへ亡命しているからなのか？　そうだとすれば、他のものはどうなるのか？　アゼルバイジャンのムサヴァチスト[22]、アルメニアのダシナキ[23]、クバーン・ラーダ[24]、ドン・グループ[25]、ウクライナのペトリュリスト[26]、マルトフ、チェルノーフ、ケレンスキー、ミリュコーフは？　モスクワのメンシェヴィキに較べて、グルジアのメンシェヴィキが、ことごとに優遇されるのはなぜなのか？　グルジアのメンシェヴィキのためには、彼らは権力の回復を要求し、モスクワのメンシェヴィキのためには、たんに弾圧方法の改善を要求しているにすぎない。これはあまり論理的とはいえないが、その政治的目的は、はっきりしすぎるほどはっきりしている。グルジアは、この長期化した陣地戦において、われわれに対する憎悪と敵意とを動員するための新たな口実を提供してくれるというわけだ。こうしたことどもは、《消耗》戦の法則なのである。わが敵対者たちは、二つ折り判で犯した失敗を、八つ折り判で再現しつつあるのだ。

　このことは、かなりの程度本書の内容と性格を明らかにしてくれる。われわれは、とくにわたしの『テロリズムと共産主義』(原註)において原理的に主張されてきたような諸問題を、いま一度、検証せねばならないのだ。わたしは、その著作の中でできる限り具体的であろうと試みた。わたしの任務は、われわれの時代の基底にある諸勢力の動きを、具体的例をあげて示すことにあった。《民主的》グルジアの歴史において、われわれは帝国主義とプロレタリア革命の間で自己の条約を選択せざるをえなかった支配党たる社会民主主義諸党の政策を追跡することを試みる。願わくば、こうしたまさに詳細をきわめ、具体性に富んだ叙述が、直接の革命的経験を持ってはいないが、それを獲得することに関心を抱く読者にとって、革命の内的諸問題をいっそう正確に理解する一助とならんことを。

（原註）　英国では、誤解をまねくような『テロリズムの擁護』という表題のもとに出版された。労働出版社。（邦訳『テロリズムと共産主義』現代思潮社刊——訳者）

＊　＊　＊

われわれは、本文において、引用文の出典を必ずしもいつも明らかにしているわけではない——こうしたことは、たいていの出典がロシア語による刊行物であるために、読者、とくに外国人読者にとっては、あまりにも煩わしいものとなろう。われわれの引用を確めたり、もっと完全な文書による証言を得たいと望まれる諸氏は、以下の小冊子を参照されたい。『ザカフカースとグルジアの外交政策に関する記録・資料』（チフリス、一九一九年）、『ロシア社会主義連邦ソヴィエト共和国とグルジア民主主義共和国およびその関係』（モスクワ、一九二二年）、マハラーゼ『グルジアにおけるメンシェヴィキ党の独裁』（モスクワ、一九二一年）、メシチェリャコフ『メンシェヴィキ天国にて』（モスクワ、一九二一年）、シャフィル『ロシアおよびメンシェヴィキ・グルジアにおける内戦』（モスクワ、一九二一年）、同著『メンシェヴィキ支配の秘密』（チフリス、一九二一年）。最後の二つの小冊子は、共産主義インターナショナルのグルジアおよびクリミア委員会の手で発見された資料の一部に依拠したものである。さらにわれわれは、外務人民委員部と軍事人民委員部の記録をも利用した。

われわれの叙述と情報源は、いかかる意味においてもその完璧さを主張しえない。もっとも貴重な資料は、われわれの入手し難いところにある。こうした資料は、一九一八年一一月以降、前メンシェヴィキ政府によって国外に持ち出された、イギリスおよびフランス機関のそれぞれの記録ばかりでなく、最大の妥協をものがたる諸資料からなっているのだ。

もしも誰かが良心的にこうした資料のすべてを蒐集し、刊行するものとすれば、われわれは、第二および第二半インターナショナルの指導に関してきわめて示唆にとんだ本を手にすることになろう。その財政的困難にもかかわらず、疑いもなくソヴィエト共和国は、そうした本の出版費用を引き受けよう。もちろん、ソヴィエト共和国が、そうした出版に対して、互恵の立場から、現在ソヴィエト記録保管所にあるグルジア関係の全資料を提供するつもりであることはいうまでもない。しかしながら、われわれはこうした申し出が受け入れられはしないだろうと懸念する。そこでわれわれとしては、これらの秘密を開示してくれる別の方法が発見される日がくるまで、待たねばならないことになろう。やがてはそうした日がやってくるだろうが。

Л・トロツキー

モスクワ　一九二二年二月二〇日

【編者註記】

ザカフカースとは、壮大なカフカース山脈の北に位置する土地にあてられた言葉である。この地区の西部はクバーンと呼ばれ、チェニーキン軍の主柱たるカザークが住んでいる。クバーンと山脈をはさんで正反対側にグルジア独立国、つまりメンシェヴィキが支配し、名目的には中立の《理想的な独立労働党国家》が存在していた。それは主として農業国であったが、アゼルバイジャンへの中継地であるため、重要性を有していた。

アゼルバイジャンは、ザカフカースの東部を構成し、グルジアが黒海に面しているのに対しカスピ海に面するタタール人を主とするきわめて雑多な住民――ロシア人、トルコ人、ペルシア人、アルメニア人、グルジア人、タタール人――からなる新国家の名称であった。その中心は、おそらく世界中でもっとも豊富な石油の中心地であり、それにもまして、この地域全体を通じての最重要地となっている、一大工業都市バクーであった。

その南西には、トルコに対する極端な恐怖につき動かされた、生気のない混乱しきった国アルメニアが、西欧列強の保護本能をかきたてるほどのみるべき鉱物資源を持たぬまま、生き残っていた。この三つの国家は、ほんの数週間のあいだ「ザカフカース共和国」という名のもとに合体したが、トロツキーが執筆している時点では、それらは別個の妬みあう資本主義国となっており、最初にドイツへの、次いで連合国への屈従に際してのみ、連合していたにすぎない。

打倒されたメンシェヴィキとそのとりどりの保護者たちは、グルジアの運命をどのように描いているのか？　これについては、馬鹿どもを騙すことをあてこんで御大層な神話が作り出されてきたし、おまけにこの世には馬鹿どもが存在しているものである。

グルジア人民は、自らの自由意志によって、平和的・友好的方法によるロシアからの分離を決定した——このように神話は始まる。この決定を、グルジア人民は民主主義的投票を通じて表明した。と同時に、グルジア人民はその旗に国際的諸関係における絶対的中立という綱領を刻みこんだ。思想的にも実践的にも、グルジアはロシアの内乱に干渉しなかった。中欧諸国〔第一次大戦時のドイツ、オーストリア、ハンガリー等の同盟国〕も協商国〔第一時大戦時のイギリス、フランス、ロシア等〕も、グルジアをこの中立の道からそらすことはできなかった。そのモットーは「共存共栄」であった！　この正義の国の噂を耳にするや、その信心深さで世にきこえた幾人かの第二インターナショナルの巡礼たち——ヴァンデルヴェルデ、ルノーデル[27]、スノーデン夫人——が、すぐさま、その地への直接の旅行を予約した。彼らのすぐ後に、老齢と博識とにおしつぶされそうになったカウツキーが続いた。彼らはことごとく、昔の使徒よろしく、自分たちに理解できない言葉で語り、のちになって論文や書物で描写したような幻を目にしたのだった。カウツキーは、チフリスからヴィーンへの帰途、絶え間なく讃美歌を歌い続けた――「主よ、今こそ汝の僕を安らかに召し給え……我れ汝の救いをこの目に見たればなり」

ところが、これらの巡礼たちが、こうした福音を首尾よく会衆に持ちかえったとたんに、恐るべきことがもちあがった。何らの理由もなしにソヴィエト・ロシアが、平和的・中立的・民主主義的グルジアに対してその軍隊を投入し、かくも人民大衆に心から愛されていたこの社会民主主義的共和国を無慈悲に抑圧したのである。この前例のない暴挙の原因は、ソヴィエト政府の帝国主義とボナパルティズムに、なかんずくグルジア・メンシェヴィキの民主主義的成功に対するその憎悪に、求められるべきである。だいたい、こんなところが神話の内容である――この後に続くのは、ボリシェヴィキの不可避的没落とメンシェヴィキがどれほど栄華をきわめるかについての黙示的予言である。

カール・カウツキーは、この神話の確立に献げられた敬虔な一冊のパンフレットを著した。(原註) グルジアに関する第二インターナショナルの決議、「ザ・タイムス」の記事、ヴァンデルヴェルデの演説、ベルギー女王のまぎれもない同情、それにエルベやメランの著作、これらはすべてこの神話に依拠している。ローマ法王の回勅が発せられなかった理由はただひとつ、ベネディクト一五世の不時の死去のためであるにすぎない。願わくば彼の後継者がこの手落ちの埋め合わせをされんことを。

（原註）『グルジア――社会民主主義勤労者共和国』ヴィーン、一九二一年。「私は――とカウツキーは述べている――車窓から見ることができたものやチフリスで目にしたもの以外は、何も見なかった。さらに私は、私のグルジア語およびロシア語に関する知識の不足をも付け加えねばならない」次いで彼は、「共産主義者は

私を避けた」とも語っている。そのうえ彼は、親切なメンシェヴィキは彼らの尊敬すべき賓客を一歩あるくごとに騙したのだが、彼の側としては喜んでそれにのっていったのだ、と付け加えるべきであったのに。こうした幸運な条件が組み合わさった結果が、このパンフレットの刊行であり、これは、ソヴィエト・ロシアに敵対する国際的キャンペーンにふさわしい理論的頂点を表わすものである。

しかしわれわれは、一方ではこのグルジアに関する神話が、詩的荘厳さにこと欠いてはいないものの、あらゆる神話と同様に、事実に反したものであることを明らかにせねばならない。正確を期すならば、グルジア神話は嘘であり、この嘘は人民の創造的努力によるものではなく、資本家の新聞・雑誌による機械的生産に帰因すべきものである。嘘、ただ嘘にすぎぬものが、第二インターナショナルの指導者たちが主役を務めている気違いじみた反ソヴィエト煽動の基底にすえられているのである。われわれは、逐一このことを証明するつもりだ。

＊　＊　＊

ヘンダーソン氏はグルジアの存在をスノーデン夫人から初めて聞いたのであり、スノーデン夫人はバトゥームおよびチフリスへのその視察旅行のあいだにジョルダニアとツェレチェリの活躍を知るようになったのである。

われわれはといえば、われわれは御仁たちを以前から識ってはいるが、それは彼らが決して夢見たこともなかった民主主義的独立グルジアの支配者としてではなく、ペトログラードとモスクワにおけるロシアの政治家としてであった。チヘイゼは、メンシェヴィキと社会革命党がソヴィエトを支配していたケレンスキー時代にペトログラード・ソヴィエト議長次いでソヴィエト中央執行委員会議員となった。ツェレチェリは、ケレンスキー政府の大臣であり、協調政策の鼓吹者だった。(原註) チヘイゼ、ダン(28)その他は、メンシェヴィキ派ソヴィエトと連立政府の間にあって、仲介者として奉仕していた。ゲゲチコーリ(29)およびチヘンケリ(30)は、臨時政府のために重責を果していた。チヘンケリは、ザカフカースにおけるその全権大使であった。

〔原註〕カウツキーは、彼の崇高な目的が必要としていない個所についてまで、誤りを持ち込み、事実の捏造を行なっている——かくして、彼はチヘイゼとツェレチェリが一九〇五年にペトログラード・ソヴィエトの先頭に立っていたなどと述べる破目になる。当然ながら、当時ペトログラードの人間は誰一人として彼らの名前さえ耳にしたことはなかったのである。

メンシェヴィキの立場は基本的には次のようなものだった——革命はそのブルジョワ的性格を保持しなければならない、そのためにブルジョワジーは革命の指導部に留まらねばならない、社会主義者とブルジョワジーとの間の連立が果たす役割はブルジョワジーの統治に人民大衆を慣らすことにあるべきだ、というのはプロレタリアートが権力奪取へ向けて闘うことは革命にとって致命的なことだからである、ボリシェヴィキに対しては仮借ない宣戦布告がなされねばならない——こうブルジョワ共和国の空論家たちは語っていたのだ。その同僚ともどもチヘイゼとツェレチェリは、共和国を旧ツァーリ帝国の版図に沿ってそっくりそのまま単一不可分のものとして保全することを非妥協的に主張した。自治権を拡大してほしいとのフィンランドの要求や、独立を志向するウクライナの民族主義的民主主義の試みは、ツェレチェリとチヘイゼの無慈悲な抵抗に出くわしたのだった。チヘンケリは、ソヴィエト大会の席上、当時はフィンランドでさえ完全独立を要求していなかったにもかかわらず、国境諸国家における分離主義的傾向に対して非難の声をあげた。自治を目指すこうした諸傾向を弾圧するために、ツェレチェリとチヘイゼは、軍隊を編制した。彼らは、もし歴史が彼らにその目的を達するに十分な時を与えたならば、この軍隊を用いたことだろう。けれども、彼らの主要な努力は、ボリシェヴィキとの闘争に向けられていた。

歴史は多くの怨恨、憎悪、迫害に基づくキャンペーンに満ち満ちているが、ケレンスキー時代にわれわれに対してなされたのと同じようなことが今までに一度でもあったかどうか疑わしい。あらゆる色合いや傾向の新聞が、その記事と論説、詩と散文、文字と諷刺画のすべてをあげて、ボリシェヴィキを非難し、呪阻し、これに烙印を押しつけたのだった。彼らがわれわれのせいにしなかった暴力――集団的なものであれ個的なものであれ――は一つとしてなかった。迫害がその絶頂に達しきったと思われる頃になると、ときとして愚にもつかぬ類の新たなエピソードが幾つか現われては、つねにそれに新たな刺激を与えたのだった。すると迫害は、自己の狂乱が放つ毒気にあてられて、さらなる絶頂へとのぼりつめるのだった。ブルジョワジーは、死の危険を感じとっていた。彼らの猛り狂った吼え声のうちに、恐怖の悲鳴こそが聞きとられるべきだったのだ。

メンシェヴィキは、その常として、ブルジョワジーの気分を反映していた。こうしたキャンペーンがその絶頂にあった時、ヘンダーソン氏は臨時政府を訪れ、ジョージ・ブキャナン卿[31]はケレンスキーとツェレチェリの民主主義国家にあって十分な権威と成果との上に立ってイギリス民主主義の理想を代表している、とのほっとするような結論に到達した。

ツァーリの警察と秘密諜報部は出すぎたまねをして失策を犯すことを恐れて、一時的に不活発な状態にあったが、新たな御主人様への自己の忠義を証しだてることに突如として熱心になりつつあった。知識階級に属するありとあらゆる連中が、こぞって彼らに、その保護観察と監視の対象を指し示した——ボリシェヴィキだ、と。ホーエンツォレルン家の参謀本部とわれわれとの関係についてのあらゆる類の馬鹿げた作り話——それは小物のスパイかモスクワ商人の女房ども以外に誰も本気にしていなかった——が、くる日もくる日も、とりどりの節と調子で、むし返され、尾鰭をつけて誇張され、恐るべき彩色をほどこされて差し出された。メンシェヴィキの指導者たちは、他の誰よりもよく、こうした告発が実際にもっている値うちを理解していた。だがしかし、ツェレチェリおよびその僚友たちは、政治的意図から、告発を支持することが得策であると判断したのである。ツェレチェリの太い低音が音程をとると、黒百人組の屑どもの嗄れた声がそれに繰り返し唱和した。その結果、ボリシェヴィキは、大逆罪とドイツ軍国主義の手先きたることをもって正式に告発されることとなったのである。われわれの印刷機と印刷所は、愛国主義的将校たちに指揮されたブルジョワ輩下の暴徒どもによって略奪された。ケレンスキーはわれわれの新聞を発禁にし、ペトログラードおよび全土において何千人という共産主義者が逮捕された。

メンシェヴィキとその同盟者たる社会革命党は、労働者・兵士評議会によって権力を手に入れた。だが彼らは、ただちに、この土台が彼らの足もとから抜け出してゆくのを感じとった。

そこで彼らは、国中の小ブルジョワ的、ブルジョワ的分子が民主主義的自治体やゼムストヴォ（州議会）を通じて自己を組織化するのを政治的に手助けすることによって、労働者・兵士評議会とのつりあいをとるためにその努力を傾注した。しかしながら、ソヴィエトがあまり急激に左傾化を強めたため、メンシェヴィキはブルジョワ階級を組織化するという仕事に、ソヴィエトを弱体化させ解体させることを付け加えた。その再選挙は故意に延期され、第二回ソヴィエト大会は公然とサボタージュされた。ツェレチェリがこうした方針を指令し、チヘイゼがそれを完全に組織だったものとした。すでに一九一七年八月―九月からソヴィエトがその寿命を越えて長生きしすぎ、いまや「腐敗」しつつある、といったことがすでに論じられていた。労働者・農民大衆が革命化し、自己主張を強め、忍耐心をなくしていけばいくほど、メンシェヴィキの有産階級への依存は、露骨で公然たるものとなっていった。ブルジョワ民主主義的自治体とゼムストヴォは、事態を収拾できなかった。革命の波が、このみじめな堰に襲いかかったのである。ペトログラード守備隊の支持を得たわれわれの圧力の結果メンシェヴィキによって召集された第二回ソヴィエト大会は、ほとんど戦闘らしい戦闘も、死傷者もなく自己の手中に権力を掌握した。するとメンシェヴィキは、社会革命党やカデットと一諸になって、激烈な、そして可能なところでは武装した闘争を、ソヴィエト、つまり労働者・農民に対して開始した。このようにして、白軍戦線のための礎石は用意されたのだった。

それゆえ、革命の最初の九か月の過程でメンシェヴィキは三つの段階をくぐり抜けたことになる――一九一七年春には彼らはソヴィエトの疑う余地なき指導者だった――夏には、彼らはソヴィエトとブルジョワジーの間にあって「中立的」立場を占めようと試みた――秋には、彼らはブルジョワジーと一諸にソヴィエトに対する内戦を宣言した。こうした異なった諸段階は、メンシェヴィズムの本質を特徴づけるものであり、後に見るように、メンシェヴィキ・グルジアの歴史を完全に覆うものとなる。

一〇月革命に先立って、チヘイゼはすでにカフカースへ逃亡していた――用心深さは彼の市民的道徳のなかでも常にもっともきわだったものだったのだ。次いで彼は、ザカフカース連立セイム（議会）の議長に選出された。かくて彼は、ペトログラードでは二つ折り判で演じた役割を、カフカースでは八つ折り判で継続することとなったのだ。

　メンシェヴィキは、社会革命党およびカデットと同盟して、反革命的《祖国および革命救済委員会》の鼓吹者となったが、これは直ちに当時ペトログラードへ進撃しつつあったクラスノーフ[32]のカザークと関係を結び、ユンケルの武装蜂起計画を組織した。カウツキーが流血なき民主主義建設のための専売特許権を与えたメンシェヴィキ指導者たちこそ、ロシアにおける内戦の真の創始者なのだ。メンシェヴィキがあらゆる白衛軍組織と内部で協働していたペトログラード《祖国および革命救済委員会》から、撚糸がさらなる反革命的蜂起・陰謀・暗殺のすべてへと直接に通じていく――ヴォルガにおけるチェコスロバキア軍団の蜂起へ、北部（アルハンゲリスク）におけるチャイコフスキーとミレル将軍の政府[33]へ、南部におけるヂェニーキンとヴランゲリ[34]へ、国外の亡命避難者や協商国の秘密財源へ、と。グルジア・メンシェヴィキを含むメンシェヴィキ指導者たちは、こうした作業にグルジアの独立を防衛する――当時このことについては何もいわれていなかった――ためではなく、反ソヴィエト諸派の一方の旗頭となって、国中の基地をあげて加担していた。憲法制定会議における反ソヴィエト・ブロックの指導者は、他ならぬツェレチェリその人だった。

　メンシェヴィキは、反革命派の全勢力ともども産業的中心地から後進的周辺地区へと後退した。彼らは当然にも、ザカフカースを最後の後退線の一つとして利用した。サマーラでは、彼らは《憲法制定会議》という金科玉条で自己を鎧《よろ》ったが、チフリスでは、彼らは、ある特定の時機に、独立共和国の旗を掲げようと試みた。しかしこうした事態は、いきなり生じたのではなかった。グルジア人民の民族的要求でなく全ロシアの内戦の思惑が命ずるところに従った、ブルジョワ的中央集権主義の立場から小ブルジョワ的分離主義への移行は、幾つかの段階を経たのである。

ペトログラードにおける一〇月革命の三日後、ジョルダニアはチフリス市ドゥーマでこう宣言した――「ペトログラードの蜂起は、その最後の日々を送りつつある。当初から、それは失敗を運命づけられていたのである」と。理の当然のことながら、世界の他のあらゆるところで俗物どもによって明らかにされている以上に鋭い洞察をジョルダニアはチフリスで示すべきだ、と要求することなどできない相談だった。しかし一つだけ違いがある、すなわち、チフリスはロシア革命の拠点の一つであり、ジョルダニアはボリシェヴィキ叛乱の息の根を止めることとなったやも知れぬ闘争の消極的参加者の一人だった、ということである。ところが、「最後の日々」は過ぎ去り、最後ではないということが明らかとなった。一〇月が終らぬうちに、政府としてでなく暫定的な反革命の警急大集合場としての、独立ザカフカース委員部を大急ぎで創設する必要性が認められ、これを通じてグルジア・メンシェヴィキは、ロシアにおける《民主主義的》秩序の再建に決定的援助をもたらすよう望んだのだった。こうした願望は幾つかの根拠をもっていた――経済的後進性、工業プロレタリアートの極端なまでの弱体さ、中央ロシアからの距離的隔絶、さまざまな社会的・因襲的・宗教的条件が織り込まれた複雑な民族的性格、多様な民族相互間に広くゆきわたっている信頼の欠如と民族的敵意、そして最後に、ドンおよびクバーンへの地理的接近――これらすべてがない混ぜられて、労働者革命に敵対行動をとるための好条件を創り出していたし、事実、カフカースとザカフカースとを、反ソヴィエト闘争における団結によって結びつけられたヴァンテ派[35]やジロンド派に長期にわたって改宗させたのであった。

当時、ザカフカースにはトルコ戦線からきた多数のツァーリの軍隊がいた。ソヴィエト政府の講和と土地改革についての提案の知らせは、兵士大衆ばかりか地方の労働住民をも揺り動かした。

ザカフカースに濠をめぐらして防備を固めた反革命派にとって、非常時が始まったのである。彼らは直ちに、全党派――むろんボリシェヴィキを除いた――からなる《秩序派》ブロックを組織した。主導権を保持していたメンシェヴィキは、グルジアの地主貴族と小ブルジョワジーとの、アルメニアの商人と石油王との、タタールのベクとハンとの間の協調をしきりに鼓吹した。ロシア人の白衛軍将校は、その身を完全に反ボリシェヴィキ・ブロックの権威下に委ねた。

一二月の末になって、メンシェヴィキ自身の指導下に召集された、ザカフカース戦線代議員大会が開催された。大多数は左派に組しているように思われた。

そこでメンシェヴィキは、大会の右派と結託してクーデタを起こし、左派――多数派――を除外したザカフカース軍地方ソヴィエトを樹立した。このソヴィエトの同意を得て、ザカフカース委員部は一九一九年一月に次のように決議した――「現時点において、無秩序状態にある諸地域にカザーク分遣隊を急派するのが望ましい旨を承認すること……」　権力の横領・簒奪というやり口とコルニーロフ[36]のもつカザークという武力――こそがザカフカース民主主義の真の出発点なのである。

ザカフカースにおけるメンシェヴィキのクーデタは、例外的なものではなかった。第二回全ロシア・ソヴィエト大会（一九一七年九月）においてボリシェヴィキが圧倒的大多数を代表していることが判明した際に、旧執行委員会（メンシェヴィキと社会革命党により構成されていた）は、大会によって選出された執行委員会に委員会の事務引き継ぎをすることを拒否した。幸いにも、われわれの背後には前述の大会多数派ばかりか、首都の全守備隊が控えていた。このことのゆえに、われわれは、蹴散らされずにすみ、そのうえメンシェヴィキにソヴィエト民主主義の実物教育を施すことができたのである。

ザカフカース軍は、メンシェヴィキの宮廷革命以後でさえも、依然として《秩序派》に対する脅威であり続けた。革命的精神に充ちた兵士たちの支援を得ていると感じとるや、ザカフカースの労働者・農民大衆は北国人〔シェヴェリャーニン〕の例に続こうというまぎれもない意志を示しはじめた。

事態を収拾するためには、革命化した軍隊を武装解除し、解散させることが必要だった。

軍隊を武装解除する企ては、ザカフカース政府の手でツァーリの将軍たちの代表と一体となって隠密裡に立案された。このブロックの参加者は、白衛軍将校プルジェヴァリスキー、やがてヴランゲリの戦友となるシャチロフ大佐、未来のグルジアの外務大臣ラミシヴィリ(37)その他であった。革命的部隊を武装解除する処置がとられるのと同時に、コルニーロフ、カレーヂン(38)、クラスノーフの依ってたつ砦たるカザーク諸連隊は武装解除しないことが決定された。メンシェヴィキ・ジロンドとカザーク・ヴァンデとの協働は、ここにいたって軍事的性格を帯びてきた。武装解除は略奪と化し、しかもしばしば反革命特別編制部隊による帰還兵士の虐殺に変じた。鉄道駅の幾つかでは、正規戦が生じ、そこでは装甲列車や部隊が使用された。何千人という犠牲者がこれらの戦闘で倒れた、が、この煽動者はグルジア・メンシェヴィキだったのだ。

敬虔なカウツキーは、ボリシェヴィキ的精神に充ちたザカフカース軍のことを、略奪、暴行、殺人を犯す野放しの集団であると評している。これは、反革命のごろつきどもが彼らについて述べているところとぴったり符合する。カウツキーは、武装解除の発起人たるグルジア・メンシェヴィキを「言葉の最良の意味における騎士たち」と誰はばかることなく評価するためにこのような態度をとらねばならなかったのだ。しかしながら、われわれはまったくそれとは別の証拠——ちなみにこれはメンシェヴィキ自身の産物である——を自由にできる立場にある。メンシェヴィキは、武装解除が血腥い、ポグロム的様相を帯びてくるや、自己の手になる所業に驚愕したのであった。著名なメンシェヴィキであるヂュゲリは、一九一八年一月一四日に以下のように声明した――

「これは、武装解除などというものではなく、兵士に対する略奪だった。これらの疲れ切って、ひたすら故郷に帰ることを切望していた不幸な人びとは、なにもかも、その長靴さえも剥ぎとられてしまった。と同時にかなりの取引きが行なわれていた。武器が強盗団に売却されていたのだ。そこで起こっていたことは、嫌悪をもよおさせるようなものだった」（「スローヴォ」第一〇号）

その数日後、ヂュゲリ――彼自身もチフリス守備隊の武装解除に干与していた（われわれは、もう一度この紳士にお目にかかることになろう）――が、ラミシヴィリをこの任務においてザカフカース反革命派のうちでももっとも悪名高い強盗部隊を使用したかどで非難した。この二人の紳士の間で以下のような公開の《意見交換》が行なわれた、が、われわれはこれを引用せざるをえまい。

　エヌ・ラミシヴィリ　ヂュゲリは中傷家だ！
ヂュゲリ　ならば、エヌ・ラミシヴィリは嘘つきだ！
ラミシヴィリ　（繰り返し）ヂュゲリは中傷家だ！
ヂュゲリ　後生だから、私に対してそんな無礼な言葉を吐くのはやめてくれたまえ！
ラミシヴィリ　ヂュゲリによって言いふらされてきたことはあてこすりであり、ヂュゲリが中傷家であると私は断言する！
ヂュゲリ　じゃあ君は卑怯者で悪党さ、それに相応しく君を遇しよう。（「スローヴォ」第三二号）
ごらんのとおり軍隊の武装解除は、同じ見解をもち、この仕事に緊密に関係していた二人の人間が、およそ騎士に相応しくないやり方でそれに対する全責任を否定しようとやっきになっている以上、カウツキーが評したようなまぎれもない騎士道精神にのっとった仕事ではなかったのである。

にもかかわらず、カウツキーには同情を禁じえない。自制心の中枢部の弱体化を伴った過剰な熱意なるものが、何に帰着するか考えてみるがよい。ここでわれわれは、カウツキーのこの本全体が、彼のぶしつけなまでの弁解がましさによって、幾人かの老いぼれたフランス・アカデミー会員の、モナコ大公の文化的使命についてやカラジョルジェヴィチ家[39]の慈善的役割についての著作をはなはだしく想起させる、ということに注目しよう。自国ではすでに時代遅れの代物と化してしまっていたこの老いぼれアカデミー会員たちは、彼らが発見してやったアルカディア王国[40]の感激した政府から勲章や年金を授与されたのである。カウツキーは、われわれの知るかぎりでは、たんにグルジア人民親衛隊の名誉隊員に任ぜられたにすぎない。このことは、彼がフランス・アカデミー会員たちに較べてみて私利私欲がないことを証している。他方、歴史的一般化がもつ幅の中で彼らを同類視するかぎり、彼は讃美のスタイルの探究においては彼らにかなり劣るといえよう。

＊　＊　＊

ブレスト＝リトフスク講和は、長い一連の敗北によって完全にうち砕かれた旧軍隊の崩壊に起因したものである。二月革命そのものが、軍隊の内部機構に痛烈な一撃を加えていた。軍隊を上から下まで再組織化し、その社会的基盤を変え、それに新たな目的と新たな内部的諸関係を付与してゆく必要があった。しかしながら、言葉と行為の間の均衡のまったき欠如、変革への意志を欠いた大袈裟な革命的言辞、つまりはケレンスキーとツェレチェリの民主主義的仮面がそれをぶち壊しにした。ケレンスキー政府の国防大臣ヴェルホフスキー将軍は、軍隊が戦争を継続することの不可能性、およびいかなる犠牲を払っても講和を締結することの必要性を倦むことなく指摘していた。奇蹟をこれ以上あてにしたり、愛国的熱狂で動揺を包み隠すことは、ただ事態の救い難さを明らかにしたにすぎない。こうしたことにブレスト＝リトフスクは起因していたのである。メンシェヴィキは、ドイツとの戦争継続を、そうなればわれわれがいっそう確実にわれわれの頸を折ることになるだろうと願って、われわれに要求した。この反ドイツの旗印の下に、彼らはあらゆる反動諸勢力と連合した。彼らは、戦争というものについての人民の慣性の最後の一かけらを、われわれに抗して利用しようと努めたのだ。ここでは、グルジアの指導者たちがその最前列に位置していた。

ブレスト＝リトフスク講和の締結は、ザカフカースの独立宣言（一九一八年四月二二日）に対して表面上の理由を与えた。かつての愛国的美辞麗句から判断するに、誰しもその目的がトルコとドイツに対する戦争継続にあると考えたことだろう。ところが案に相違して、ザカフカースのロシアからの正式分離は、外国の干渉のために一段と議論の余地ない法的な諸条件を創り出そうという欲望に支配されたものだったのだ。メンシェヴィキは、十分な根拠があってのことだが、外国の干渉という援助をたのみとして、ザカフカースにおけるブルジョワ民主主義的体制を維持し、やがてはソヴィエトの北部に対して打撃を加えようと目論んでいたのである。

メンシェヴィキと同盟したブルジョワ地主諸党派ばかりでなくグルジア・メンシェヴィキ自身の指導者たちでさえ、全ロシアのボリシェヴィズムに対する闘争をザカフカースの分離の主要な理由として公然と語ったり書いたりしていた。四月二五日、ツェレチェリはザカフカースのセイム〔議会〕での演説でこう語った――「ボリシェヴィズムがロシアに出現し、その凶悪な魔手が国家の生命に対して振りあげられた時、われわれは、そこで自分たちの指揮下にある全力をあげてこれと戦った……われわれは、政府の暗殺者に抗して戦った。同様の自己犠牲心をもってわれわれは、民族の暗殺者に抗して戦うであろう」（激しい拍手）同じ自己犠牲心をもって――そして同じ成果をあげつつ……。

これらの言葉は、メンシェヴィキが《独立》ザカフカースの任務をどのように理解していたかについて疑惑の影を少しでも残しているだろうか？ 黒海とカスピ海の間の地に、神聖にして中立の、理想的な社会民主主義政権を創造することではなく、旧国家の枠内でのブルジョワ民主主義国家の再建を目的とした、政府（ブルジョワ的）の暗殺者に対する、ボリシェヴィキに対する闘争。たったいま引用したツェレチェリの演説全体は、われわれがペトログラードで何十回となく耳にした、あの感傷的な空論の繰り返しに他ならない。もっとも、彼らが北では二つ折り判でやったことをここでは八つ折り判で――同じ自己犠牲心と同じ成果をあげつつ――行なっている、という違いはあるのだが。

ブレスト＝リトフスク講和条約の承認を事実上拒否したことは、直ちに《国家》としてのザカフカースを絶望的な立場に置くこととなった、というのは、それが最終的にトルコとその同盟国の手を解き放つことになったからである。二、三週間たたぬうちに、ザカフカース政府はトルコにブレスト＝リトフスク条約を一つの基準として受け入れるよう乞い求める破目に陥った。だが、トルコはこれに耳を貸そうともしなかった。ザカフカースにいるパシャとドイツの将軍たちが、状況の疑う余地のない支配者となった。しかしながら、主要な目的は達成された――外国軍隊の援助を受けたことで、革命は一時的に弾圧され、ブルジョワ体制の没落は延期されたのである。

グルジア・メンシェヴィキは、ザカフカースの独立宣言（一九一八年四月二二日）をもって、住民大衆の意見をはかることなく、慣習的なやり方で、民主主義的基盤に立った共和国の多様な人種間の新たな友愛の時代の始まりを唱えた。にもかかわらず、この新たな共和国は樹立されたと思う間もなく倒壊してしまった。アゼルバイジャンはトルコの救援を請い求め、アルメニアはトルコを火よりも恐れ、グルジアはドイツの庇護を得ようと努めた。その厳粛な宣言から五週間もたたぬうちに、ザカフカース共和国は瓦解してしまったのである。その葬儀にあたっての民主主義的雄弁は、その誕生に際してのものに劣らず熱烈なものだった。だがこのことは、小ブルジョワ民主主義が国家間の軋轢を征服し、利害を調和させるにあたっての自己の完全な無能さをさらけ出したという事実を何ら変えるものではない。一九一九年五月二六日——再び住民大衆の意見をはかることなく——、独立グルジアが、ザカフカースの一断片として樹立された。そしてまたもや民主主義的言辞が氾濫した。ちょうど五か月たつと、民主的グルジアと同じく民主的アルメニアとの間に、係争中のわずかな領土をめぐって戦争が勃発する。両陣営から、文明国の崇高な目的と敵側の裏切り的攻撃についての発言が聞えてきた。カウツキーは、この《民主的》アルメニア＝グルジア戦争については一言も触れていない。ジョルダニアとツェレチェリそれに彼らのアルメニアやタタールの代役たちの指導を受けて、ザカフカースは、民族の大殺戮と民主主義の山師商売とが等しく華やかに隆盛をきわめていたバルカン半島へと改造されたのだった。こうした見苦しいまでの動揺と血に飢えた攻撃とを通じて、グルジア・メンシェヴィキは終始一貫してそのまことの指導理念——すなわち、ボリシェヴィキの《無政府状態》との仮借ない闘争——を遂行してきたのである。

グルジアの独立は、メンシェヴィキが、帝国主義に対するソヴィエト共和国の闘争において自己の占める位置を露わにするのを可能とした、いや、露わにする必要にせまられたといった方が精確かも知れない。こうした疑問に対するジョルダニアの返答は、はなはだ明確さを欠くものとならざるをえなかった。

一九一八年六月一三日の公式声明は、以下のように宣言している——「グルジア政府はその全住民に、チフリスに到着したドイツ軍がグルジア政府自身の招聘にもとづいたものであり、その任務は、当該政府の完全な同意を得て、グルジア民主主義共和国の国境を防衛することにある旨を、通知する。これらの軍隊の一部は、ボルチャリンスク郡から匪賊を一掃する目的で、すでに同地へ派遣されている」(実際には、またもや領土の切れ端をめぐっての民主的アゼルバイジャンとの非公然たる戦争が目的なのだ)

天上にましますカウツキー氏は、ドイツ人がもっぱらトルコ人に備えるためにのみ招聘されたものであり、しかも、グルジアはこれとは無関係に完全な独立を維持しているのだ、と教えてくれる。たとえもし、誰か民主主義的青二才がフォン・クレス将軍にグルジア民主主義の制度内で歩哨を務めるようたきつけたことが本当だとしても、やはり、フォン・クレス将軍がそうした役まわりにまったくといってよいほど相応しくないことは、はっきり言って聞かせねばなるまい。それにしても、民主主義的青二才の無邪気さを過大評価するのは、きわめて場違いなことだろう。一九一八年を通じて、ロシアの国境諸州におけるドイツ軍の役割は、まったく歴然としていた。フィンランドでは、彼らは労働者革命の絞刑吏として振舞ったし、バルト諸州でも、同様だった。彼らは、ウクライナ全土を席巻し、ソヴィエトを粉砕し、共産主義者を殺戮し、労働者・農民を武装解除した。彼らが何か他の目的をもってグルジアに入ってきた、などと期待する理由などジョルダニアにはないはずである。ところが、メンシェヴィキ政府が不屈のホーエンツォレルン家の軍隊――というのも、彼らは練度の点でトルコ軍を完全に凌駕していた――を招いたのは、まさしく、こうした理由からだったのだ。一九一八年四月二八日、ザカフカース議会に対する公式報告者、メンシェヴィキのオニアシヴィリはこう断言している、「われわれにとって、いずれの脅威が最悪のものなのか、ボリシェヴィキかそれともトルコか、ということは大きな問題である」 ボリシェヴィキの脅威はドイツよりも比較にならないほど大きなものである、そこには疑惑をはさむ余地などいささかもないようであった。彼らが全ロシア政府の大臣のポストを掌握していた時分、グルジア・メンシェヴィキはドイツ軍参謀本部と同盟しているとしてわれわれを非難し、さらには、帝政主義的法廷を通してわれわれを大逆罪のかどで告発した。彼らは、ブレスト＝リトフスク講和は、《ロシア革命の門戸》をドイツ帝国主義に対して開いたがゆえにロシアへの裏切りである、と公言してはばからなかった。彼らは他ならぬこうした叫び声をあげてボリシェヴィキの打倒を要求したのであり、やがて革命が彼らにとって余りにも刺激の強いものと化すや、ロシアからザカフカースを分裂させ、次いでザカフカースからグルジアを分裂させ、その結果、《民主主義》の門戸をカイゼルの軍隊に対して、いかにも広々と開け放ったのである。やがて考察するように、ドイツの敗北後、彼らは、同じ発言と同じ身振りとを勝ち誇った協商国に向かって繰り返すこととなった。

　他のすべての場合と同様に、この点に関してもメンシェヴィキの政策は、たんにロシア・ブルジョワジーの政策の反映にしかすぎなかった。カデット（ミリュコーフ）に代表されるロシア・ブルジョワジーは、ドイツ・ウクライナ占領軍当局と協定を結び、ドイツの敗北後は、このまったく同じカデットを放蕩息子よろしく協商国の懐《ふところ》に飛び込ませた。彼らは、自己の道筋のジグザグ的本性にもかかわらず、何が彼らおよび協商国にとって主眼点なのか、ということを決して見失いはしなかった——すなわちボリシェヴィキに対する闘争、がそれである。

まさにそうした故にこそ、協商国はかくも容易にその胸襟を開き、さらに重要なことに、金庫までも開いたのである。まさにこうした故にこそ、ペトログラードで戦時大臣ツェレチェリとかつて親交を結んだ戦時大臣ヘンダーソンは、ツェレチェリがフォン・クレス将軍の抱擁から身をふりほどくと、再び彼に戦友としての挨拶を送ったのだった。ジグザグ、矛盾、裏切り——だが、これらは常にプロレタリアートの革命に向けられたものだった。

一九一八年九月二五日、ジョルダニアは、次のような保証状をフォン・クレスに送った——「カフカースにおけるドイツの威信を貶しめることは、われわれの利益ではない」——ところが二か月もたたぬうちに、彼らはイギリス軍に対してその門戸を開放したのである。

これに先立って、主としてイギリスに対して、ドイツのフォン・クレス将軍とグルジア民主主義との関係は政略結婚にすぎず、真の華燭の典はこれから余の人ならぬイギリスのウォーカー将軍との間に挙げられねばならない、という点を説明し確信させることを目的として交渉が行なわれていた。一二月一五日、バトゥームにおける政府代表たる古参メンシェヴィキのトプリーゼは、協商国使節団の質問に応えて、彼自身の報告によれば、こう答えている——「私は、わが共和国が、そのボリシェヴィキとの戦いに際して、自己の指揮下にある全力をあげて同盟諸国に協力する所存であることを請け合おう……」この同じトプリーゼは、イギリス代表のウェブスターにも「カフカースにあってイギリスがボリシェヴィキと戦う場合に援助を与える件については、グルジアは自己の義務をただ忠実に果すのみであろう」と報告していた。

イギリスのジョーダン大佐が、グルジアに対する連合軍の上陸は「国際的平和と秩序をめざす総合計画にのっとって」、すなわち全ロシア的規模でのボリシェヴィキ鎮圧ならびに全ロシア人民のコルチャーク提督への服従を目的として遂行された、と説明したあとをうけて、ケゲチコーリはジョーダン大佐に、「正義と道義の諸原則の実現のため同盟国と一致協働したいという願望に満たされたグルジア政府は、軍隊の上陸に同意する旨を宣言した」と言明した。いいかえれば、自己の忠節をドイツから協商国へと鞍替えすることによって、グルジア・メンシェヴィキの指導者たちは、ロシア詩人の旧き良き忠告を無視したのだった――「媚うる者よ、媚うる者よ、いかに汝が身を卑しめるとも、なお一片の気高さを忘れるな」

私は、ブレスト＝リトフスク交渉時のテーブルをまざまざと想い出す。私は、そのテーブルを囲んだ者たち――キュールマン男爵、ホフマン将軍それにツェルニン伯爵(41)――をまざまざと想い出す。けれども私は、自らをもまた社会主義者であると称し、しかもその政治的水準たるやまったくグルジア・メンシェヴィキと似たりよったりのウクライナ小ブルジョワ民主主義の代表たちのことを、それにもましてはっきりと鮮明に想い出すのだ。彼らは、交渉にあたって、陰でこそこそとドイツおよびオーストリア＝ハンガリーの封建主義を代表する連中とブロックを結んだ。ブレスト＝リトフスクの交渉期間中、彼らが連中の前で這いつくばり、その尻尾を振っては称賛と恋慕の念で新たな御主人様の目を見あげ、並はずれた尊大さとクソ真面目さをもってわれわれ孤立したプロレタリアートの代表を眺めていた様は、実に見ものであった。私はこれらのメンシェヴィキどもが――

……火に油を注ぎ、
冷えたる心に雪を積もらす

その御主人に似て抗う激情を、
ことごとく宥《なだ》めつつ
約束を反故にし、また約束をし、
風や御主人の気まぐれにつれて
そのかわせみのくちばしの色を変え
虚しいとは知りつつも、犬の如くについてゆく

——ことを知っている。

過去数年間の諸事件は、試練に満ちたものだった。けれども私は、プロレタリアートに対する闘争に際して封建的・資本主義的世界の前にひざまづいた小ブルジョワ民主主義によって示されたような不名誉で卑屈で堕落した雰囲気の中で恥辱に顔のほてる思いで呼吸せざるをえなかった時ほど、苦しく耐えがたく思った瞬間はなかったと今でも思っている。そして、グルジア・メンシェヴィキは、まさに一字一句たがわず、こうした所業に励んだのではなかったろうか？

カウツキー、ヴァンデルヴェルデ、ヘンダーソン、つまり国際的スノーデン夫人一家は、メンシェヴィキ・グルジアがロシアおよび外国の反革命派と協働しているということを絶対的に否定しつづけている。とまれ、ここが肝心な点なのである。外国帝国主義に支援された白衛軍とソヴィエト・ロシアが激戦を繰りひろげている時に、われわれは、民主的グルジアが中立を保っていると信じるよう求められている。ただたんなるお定まりの中立ではなく、「厳正なる中立」である、と敬虔なるカウツキーはのたもう。たとえ事情に精通していない人であっても、この点に疑問をもつことは許されよう。ましてや、われわれは事情に精通しているのである。われわれは、グルジア・メンシェヴィキがソヴィエト共和国に対するありとあらゆる陰謀に加担しているばかりか、独立グルジアが労働者・農民の共和国に対する帝国主義的戦争ならびに内戦の武器として奉仕するために樹立されたことをも、知っているのだ。このことは、前章で述べたことからすでに明らかとなっている。ところが、暗愚なカウツキーは、これについてはいささかも耳を貸そうとはしない。スノーデン夫人は憤慨し、マクドナルド[42]は怒りに身をふるわせて「馬鹿げた言いがかり」を否定する。彼は、立腹のあまりに「馬鹿げた言いがかり」と実際に書いたのである。それでもなお、マクドナルドは、ブルータスとまではいかないが「高潔な人士」なのだ。しかしながら、いわゆる高潔な人士諸氏よりももっと信ずるにたる事実とか記録とか議事録といったものは存在するものである。

一九一八年九月二五日、グルジア共和国、クバーン政府それに義勇軍(43)の代表からなる公式の協議会が開かれた。義勇軍は、アレクセーエフ、チェニーキン、ロマノフスキー、ドラゴミロフ、ルコムスキーといった将軍たち、有名な君主主義者シュリギンその他によって代表されていた。これらの名前は、すべてを物語る。アレクセーエフ将軍が次のような言葉をもって議事を開始した――「義勇軍およびクバーン政府に代わって、本官はイェ・ペー・ゲゲチコーリならびにゲ・イェ・マズニエフ将軍という友好的グルジアの代表を歓迎するものであります」

この友好あふれる一団の間にも幾つかの誤解が存在しており、その最たるものがソチンスク管区の帰属についてであった。こうした誤解を一掃するためにゲゲチコーリが発言した、「ロシアにおいて将校が迫害された時、彼ら全員の避難所となったのは、グルジアではなかったのか？　われわれは彼らのすべてを受け入れ、われわれの乏しい財産を割いて彼らに給与を払い、彼らを養い、そして彼らを援助するため現状の下で可能な限りを尽したのである……」　この発言をみるだけでも、労働者と帝政派将軍たちとの戦いにおけるグルジアの《中立》についてある種の疑惑の念が頭をもたげそうなものである。ところがゲゲチコーリ自身は、大急ぎでこの点についてのどのような疑念をも晴らそうとした。彼はアレクセーエフ、チェニーキンその他に向かって発言を続けた、「われわれとしてはボリシェヴィズムと闘争するに際していいわれわれが諸君に与えた援助を忘れてもらっては困るし、さらにまた諸君の方もこの援助についてはとっくり考えてみる必要がある、と言っておくことを私は自分の義務と心得ている」　民主的グルジアの外務大臣にしてメンシェヴィキ党指導者の一人であるゲゲチコーリのこうした言葉が問わず語りにすべてを明らかにしている。もしかすると、マクドナルド氏は、これ以上の証拠を要求するかもしれない。それならば、そうした証拠はいま一人のグルジア代表マズニエフが提供してくれよう。彼はそこに出席しており、その時次のようにつけ加えたのだ、「将校たちはチフリスから続々と諸君（アレクセーエフとヂェニーキン）に参加しつつあり、私はできる限り彼らの輸送に便宜をはかっている。リャーホフ将軍が、このことを証明できる。われわれは彼らに途中の経費や食糧等々を供与し、しかもこれらはすべて代償なしに行なわれたのである。私は、諸君の依頼に応じて、ソチ、ガグリ、スフームにある全将校を集め、彼らに諸君の隊列に加わるよう要請したのだ」

カウツキーは厳正なる中立を請け合い、マクドナルドは、ボリシェヴィキと闘争中の白衛軍に対してメンシェヴィキから与えられた援助の数かずを「馬鹿げたいいがかり」と称した。にもかかわらず、われわれはこれらの高潔な紳士諸氏は少々早合点してわめいているのだと言ってやらねばならない、というのは、われわれの非難は事実によって証明されているからである。これらの事実は、マクドナルドが嘘つきであることを示している、なぜかといえば、これらの事実が、真実を語っていたのがわれわれの方であり、国際的スノーデン夫人一家ではなかったことの証拠となっているからである。

だが、それだけではない。白衛軍は、その主たる任務がボリシェヴィキと戦いつつ北進することにある以上、ソチンスク管区を一時的にグルジアに譲ることによって何も失ったことにはならないという点を立証せんとやっきになってゲゲチコーリは言う、「将来、私はそれについては何らの疑いも抱いていないのだが、新たなロシアが再組織されるならば、おそらくわれわれは、ソチンスク管区の返還問題ばかりでなく、もっと重大な問題にさえ直面することであろう。したがって諸君はこれを念頭においておかねばならない」

この発言は、グルジア独立の真意を暴露している、すなわち、それは《民族自決》などではなく、ボリシェヴィズムとの闘争における、一つの戦略的処置なのである。アレクセーエフとヂェニーキンが《新たなロシア》を再建――これについてゲゲチコーリは「何らの疑いも抱いていない」――した暁には、グルジア・メンシェヴィキはソチンスク管区ばかりかグルジア全土のロシア帝国への返還問題に直面させられることとなろう。この「厳正なる中立」の性格とは、そのようなものなのである。

だが、どこぞやの愚鈍な脳みそが未だ疑念を残していることを恐れでもするかのように、ゲゲチコーリは結論的につけ加えた、「われわれのボリシェヴィキとの関係に関するかぎり、私はわが国境内におけるボリシェヴィズムとの闘争は無慈悲なものであることを明言して良いであろう。われわれは、わが共和国の保全を脅やかしつつある反国家運動としてボリシェヴィズムを粉砕するために可能なかぎりの手段を行使しつつあり、この点は、われわれがすでに提出した多くの証拠そのものが、明らかに示していると私は信じている」　まことに、これらの言葉に何らのコメントも必要ない！

しかし、どうしてそのような内密の会談が筒抜けになったのか？　それらは議事録に書きとめられて、公刊されていたのだ。ひょっとすると、これらの議事録は偽造文書ではあるまいか？　とんでもない、それはグルジア政府自身の手で『ザカフカースおよびグルジアの外交政策に関する記録・資料』（チフリス、一九一九年）と題された公文書として刊行されたのだ。われわれが引用した議事録は、三九一頁から四一四頁に出ている。ゲゲチコーリ自身が外務大臣だったので、アレクセーエフやヂェニーキンとの彼の会談を刊行したのは実は彼であったということになる。ゲゲチコーリのために公平を期すならば、彼はその時、カウツキーやマクドナルドが第二インターナショナルの名誉にかけてメンシェヴィキ・グルジアの中立を宣誓する破目になろうとは、見通せなかったのである。この場合、他の多くの場合と同じように、もし速記術や印刷術が存在していなかったならば、高潔な第二インターナショナルの諸氏の立場は、さほどまでに苦しいものとはならなかったであろうに。

ゲゲチコーリのヂェニーキンとの会談における発言の政治的意味をわれわれにとって完全に明らかなものとするためには、われわれは一九一八年九月の時点でのソヴィエト・ロシアの軍事的・政治的情勢に留意せねばならない。読者は地図を参考にすれば、理解し易いであろう。われわれの西部国境線は、プスコーフーノヴゴロド間に引かれていた。プスコーフ、ミンスクおよびモギリョーフはババリアのレオポルド大公の手中にあり、当時にあっては、ドイツの大公といえばかなりの権勢をもっていた。さらに、ボリシェヴィキから民主主義を防衛するために呼び寄せられたドイツ軍は、ウクライナ全土を占領していた。フォン・キルバッハ将軍の軍はオデッサとセヴァストーポリを蹂躙しつつあり、他方その先端部はクールスクおよびヴォローネシに対して圧力を加えていた。ドン・カザークは、南東よりヴォローネシを脅やかしつつあった。その背後のクバーンにあっては、アレクセーエフとヂェニーキンの軍が結集しつつあった。トルコおよびドイツ軍は、カフカースを占領していた。ソヴィエト・アーストラハンは、北からの危険にさらされていた、すなわち、ヴォルガ川がツァリーツィン付近のカザークとサマーラ付近のチェコスロバキア軍とによって二つに分断されていたのである。カスピ海の南半分全域は、すでにイギリス海軍将校指揮下の白衛軍の掌中にあった。その北半分も、その翌年にはわれわれの手から奪われた。東部においては、われわれは、ヴォルガ流域の一部、ウラル山脈、シベリアを占領していたチェコスロバキア軍および白衛軍との戦争を遂行しつつあった。協商国は北部ですでに地歩を固めており、アルハンゲリスクおよび白海の沿岸一帯はその手中にあった。ムルマンスク鉄道の北部は英仏連合軍によって奪取されていた。マンネルハイムのフィンランドは、三方面から敵に包囲されたペトログラードにとって不断の脅威となっていた。[44] こうした途方もない難事に逢着して、われわれの軍隊はまだその形成過程にあるにすぎなかったのだ。

このような情勢の下で、メンシェヴィキ・グルジアの正式代表は義勇軍の組織者たちに向かって、グルジアがボリシェヴィキの迫害から白衛軍将校を保護し、無償で彼らを世話し、彼らの間から志願兵を徴募し、彼らをアレクセーエフとヂェニーキンのもとへと急派しつつある、と報告していたのである。そのうえさらに、グルジアがボリシェヴィズムに対して「無慈悲な」闘争を遂行し、「可能なかぎりの手段をもって」それを粉砕しつつある、ということもまた語られていたのだ。ゲゲチコーリは、彼の反革命派への援助を吹聴しているわけでも誇張しているわけでもなかった。彼とその僚友たちは、彼らにできる限りのことを現実に実行していたのである。むろん彼らには、「内なる無政府状態」との闘争に際して彼ら自身がドイツ軍を利用せざるを得なかったほどであるから、相当数の武装勢力を白衛軍の指揮下に差し出すことなど期待しうべくもなかった。彼らの援助は、反革命派に対する彼らの好意の域を出てはいなかった。にもかかわらず、彼らは白衛軍軍事組織に対して相対的には巨大な援助を供与していた。グルジアにおけるカフカース軍の数百万〔ルーブリ〕にものぼる装備や軍需物資は、メンシェヴィキの手で押収されており、その大部分は白衛軍——ドン、クバーンおよびテルの各カザーク、チェコ軍団将校、ケイマンおよびフィリモーノフの各支隊、アレクセーエフおよびヂェニーキンの義勇軍等々を支援するために利用されたのである。この援助はカフカースにあるブルジョワ＝地主軍にとって、当時ことのほか貴重なものだった、というのは、彼らは外部からほとんど何も受け取ってはいなかったからである。

メンシェヴィキ・グルジアと反革命派とのあらゆる類の協力が日ごとに続けられ、またそれについての正規の記録が残されていないため、現在、こうした協力に関連して報告を書くのは著しく困難なことであろうし、ましてやメンシェヴィキがもっとも重要な公文書類を国外へ持ち出してしまったからにはなおさらそうであろう。しかし、チフリスの執務室に残されていた何気ない記録やバラバラの書類でさえ、グルジアのいわゆる中立なるものについての特別弁護人たちのうちでももっとも無知な連中の頭から疑惑の影を取り除くのに十分である。義勇軍組織者たちとの交渉や軍事的協力は、グルジア独立の第一日目からではないにしても、一九一八年六月には早くも始まっていた。純軍事的作戦の幾つか（例えば、ゴヴォリシチェンスク・カザーク村への移動）が、《義勇兵》と連繋して行動しつつあったクバーン政府の要請を受けたグルジアによって企てられていた。ダゲスターン・カザーク居留区よりボリシェヴィキに対して進撃しつつあったゲイマン将軍は、既述のグルジアのマズニエフ将軍より小銃六〇〇挺、機関銃二挺および弾薬を受けとった。ゲイマン将軍と共にアレクセーエフ麾下にあって、トゥアプスでメンシェヴィキ配下の部隊と連繋作戦を展開していたマスロフキー将軍は、グルジアから装甲列車を受けとった。ゲゲチコーリは、アレクセーエフとヂェニーキンにグルジアが与えた援助を憶い出させた際、これらの事実をもまた心に描いていたのである。

一九一八年一〇月、つまり前述のゲゲチコーリ＝ヂェニーキン会談の直後、グルジア政府は当時ソヴィエト政府と交戦中のドン政府へ相当量の軍需物資（原註）を供与した。一九一八年一一月三日には、グルジアのマズニエフ将軍がその政府に対して、彼が義勇軍のカザークと協働してボリシェヴィキと戦闘中である旨を報告していた、「本官は、確保された各拠点にカザークを駐留させ、さらに本官に委ねられている諸部隊をソチの休養キャンプに移動せしめました云々」 一一月二六日には、グルジア政府は、義勇軍代表オブエドフに対して必要量の医薬品および包帯を送り、「この件についてはあらゆる可能な方法で協力すること」を決議した。この「件」とは、ソヴィエト・ロシアに対する内戦であった。なるほど、包帯とか医薬品とかはきわめて人道的な、きわめて中立的な物資には違いないが、グルジア政府がかつてこうした人道的物資を「ボリシェヴィキ的無秩序に感染した」カフカース軍から力づくで奪い取り、次いでそれらを南部からソヴィエト・ロシアを攻撃中の白衛軍に与えたということは、どちらかといえば不穏当なことだった。

（原註） これらの相当量の軍需物資の正確なリストは、イ・シャフィルの著書『ロシアにおける内戦とメンシェヴィキ・グルジア』（モスクワ、一九二一年、三九頁）にあげられている原資料に基づいている。

こうしたすべてのことどもが、カウツキーによって《厳正なる中立》と称されているわけだが、ジョルダニアの場合は、そうではない。彼は、一九一八年一〇月一五日、つまりこれらの諸事件の真最中に、ドイツ帝国使節団長に書き送っている――「私は、グルジアの国際的な立場を中立国のそれと見做したことは一度もない、それというのも、われわれがそれとまったく逆の立場であることは、自明の理となっているからである」 そのとおりだ！ この書簡もまた同じジョルダニアの手で刊行された既述の公文書に収められており、カウツキーはそのパンフレットを書いた時これを自由に利用できたはずであるが、彼は、むしろ使徒に相応しい霊感の導きに従う方を選んだのである。フォン・クレス将軍との会話では自明の理を無視できなかったジョルダニアが、にもかかわらず、カウツキーとの魂の洗い清められるような会話の中では、この敬愛すべき老紳士を盲信させる心づもりをしていた、ということは大いに考えられよう。カウツキーがこうした点にとくに順応したがる嗅覚を身につけてチフリスにやってきたとあれば、なおさらである。

グルジアは、協定に従って、トルコに対しその軍隊のアゼルバイジャンへの輸送のために自己の鉄道を自由に利用させることとなった。このため、バクー労働者によって樹立されていたバクー・ソヴィエト権力は、ほとんど完全にロシアから切り離されたまま、打倒されたのだった。バクーは、ロシアの石油供給源となる代わりに、われわれの敵の要塞と化した。もちろん、グルジア政府は、ロシアから分離した結果、バクー・プロレタリアートに敵対するサルタンの軍隊に協力せざるを得なかった、とも言えよう。だが、この類のことをまったくさておいたにしても、ジョルダニアおよび他のグルジアの指導者たちが、トルコ軍によるバクー占領に際して反動的＝ブルジョワ的イスラム党（ムサヴァト）に祝辞を述べたという事実は、依然として残っている。こうしてわれわれはトルコ軍国主義がメンシェヴィキの政策と完全に一致していたことを知るのだが、この事実はメンシェヴィキによっても隠蔽されることはなかった。

革命は、バクーを一時的に失ったにとどまらず、その最良の息子たちの多くを永久に失うこととなった、一九一八年九月、ゲゲチコーリがヂェニーキンと交渉しつつあったちょうどその頃、わが党の中央委員同志シャウミャーン[45]とアレクセイ・ジャパリーゼ[46]に率いられたバクー・プロレタリアートの指導者たる二六名のボリシェヴィキが、荒寥たるザカスピ駅で銃殺された。

ヘンダーソン氏よ、君は、君たち自身の解放戦争における司令官トムプソン将軍から、この件について十分な情報を入手できよう——彼の代理人が死刑執行人の役を果たしたのだから。

こうしてシャウミャーンもジャパリーゼも、ソヴィエト・バクーの陥落を聞いてジョルダニアがあげた歓乎の声を耳にすることはできなかった。にもかかわらず、彼らは、死刑執行人どもの幇助者たるメンシェヴィキ《(原註)》に対する燃えるが如き憎悪をその墓へと携えていったのだった。

(原註) 本書の原稿は、社会革命党員であり憲法判定会議の一員であるヴァジム・チャイキンの『ロシア革命史への一貢献——二六名のバクー・コミサールの処刑』と題され、グルジェビンによってモスクワで発行された新著を私が手にした時には、すでに脱稿されていた。ほとんどが記録文書——そのうちもっとも重要なものは複写され翻刻されている——からなるこの本は、イギリス軍当局の命令によって見せかけだけの公開裁判さえもなしに行なわれた二六名のバクー・コミサールの殺害に関する物語を記している。この虐殺の直接的な、事実上の組織者は、アスハバード駐在イギリス軍事使節団員レジナルド・ティーグ＝ジョーンズであった。トムプソン将軍は事件全体を承知していたのであり、証拠から明らかなように、ティーグ＝ジョーンズはこの勇猛な将軍の同意を得て行動したのである。辺鄙な駅——そこへ彼らはインドへ追放するとの口実の下に連行されたのだが——で殺害された丸腰の二六名の後仕末がすむと、トムプソン将軍は、この犯行の主犯の一人である雇われ悪党ドルシキンの逃亡を援助した。いかなる意味でもボリシェヴィキではない、社会革命党員にして憲法制定会議の一員であるヴァジム・チャイキンのイギリスの将軍マルコームおよびミルンへの抗議は顧みられることなく放置された。反対に、この紳士諸君は、犯行と犯罪者どもを援助し、そそのかし、偽りの声明を作製することをもってその団結を誇示したのである。

この本は、証拠文書によって、グルジアの内務大臣ゲゲチコーリが、チャイキンの強硬な主張に対して、凶悪犯人ドルシキンのグルジアからの逃亡を阻止する旨を約束したことを明らかにしている。にもかかわらず、彼はイギリスのトムプソン将軍と共謀して、ドルシキンが裁判や刑罰をまぬがれるようあらゆる便宜をはかってやった。ロシア・グルジア社会革命党委員会およびロシア・ザカフカース・メンシェヴィキ委員会が、この事件の真相を完全に調査した後、イギリス軍当局が行なった犯罪的手口を証明する声明文に署名したのに対して、グルジア・メンシェヴィキ委員会は他の委員会と共通の結論に達したにもかかわらず、イギリス当局の感情を害することを恐れて、この声明文に署名するのを拒否した。メンシェヴィキ・グルジア政府の電報局員は、イギリス当局の残虐な行為を暴露したヴァジム・チャイキンの電報の発信を拒否した。たとえチャイキンの著書に収められた明々白々にして論駁の余地ない文書によって実証されている以外にグルジア・メンシェヴィキについて何も知られていないとしても、これらの紳士諸氏、その《民主主義》、その保護者や擁護者の頭上に破廉恥と卑劣の烙印を未来永劫にわたって押すには十分すぎることだろう。チャイキンの著書が提供している直接的かつ正確な、反論を許さぬ証拠があるからには、ヘンダーソン氏あるいはマクドナルド氏、J・R・クラインズ氏、ジミー・セクストン氏、ウィリアム・アダムソン氏、ジョン・ホッジ氏、フランク・ローズ氏、C・W・バウアーマン氏、ロバート・ヤング氏、ベンジャミン・スプーア氏といった人びとにしろ、労働党の国会議員として――今こそこの事件を公正かつ誠実に調査し、さらにはザカフカースの地でボリシェヴィキの蛮行から民主主義、文明、正義、宗教、道義を護るという栄誉をになっている大英帝国の代表たちに彼らの行為の責任をとらせることが自己の義務であると見做すようになるだろう、とわれわれは少なからぬ希望を抱くものである。

国際的スノーデン夫人一家は、以下の二つの事実を根拠にして、グルジア・メンシェヴィキの反革命諸組織や反革命軍との協働を否認してきた。ひとつは、メンシェヴィキ自身が、反革命を支援するようにいわば彼らを強制したとして協商国をイギリスの社会主義者たちに訴えたということであり、もうひとつは、グルジアと白衛軍との間には軋轢が存在しており、これがその頃には武力衝突の性格を帯びるにいたっていた、ということであった。

イギリスの将軍ウォーカーは、首相ジョルダニアの面前で拳を振りあげて、あえて協商国を怒らせるような記事を発表するつもりならば、メンシェヴィキの中央機関紙を発禁にすると脅迫した。イギリスの一中尉は、グルジアの法務長官の机を自分の剣で激しく叩き、逮捕されている者のうち彼つまり神の恩寵深き中尉閣下が指名した者全員を即時釈放するよう要求した。記録にしたがえば、概してイギリス軍当局の方がドイツよりもいっそう高慢に振舞っていた。もちろんそのような場合にジョルダニアは極端に恭々しくグルジアの半独立性を説明し、そしてグルジアの半中立性が侵犯されたとマクドナルドに訴えることとなった。こうしたことは、お定まりの警戒心がなせる当然のわざだった。ヂェニーキンがグルジアからスフーム地域を奪った時、メンシェヴィキはウォーカー将軍にヂェニーキンのことを訴えた。今度は、彼らはヘンダーソンにウォーカー将軍のことを訴えた――いずれの場合も同じように成功を収めた――というわけだ。

もしもこれらの訴えや軋轢が表面化しなかったとすれば、それはメンシェヴィキがヂェニーキンと毫も変わるところがなかったということを単純に意味したことだろう。だが、これは、ヘンダーソンがチャーチルといささかも変わるところがなかったというのと等しく誤まりであろう。革命期における小ブルジョワの動揺の振幅は、プロレタリアートを支援する地点から反革命的地主勢力と正式に結託する地点まで拡大する。小ブルジョワ政治家は、自らが自立性を喪失していけばいくほど、声を大にして自らの完全な自立性と絶対的中立性とを語るようになるものだ。このような観点に立てば、革命過程におけるメンシェヴィキと右翼および左翼社会革命党の歴史を辿ることは、きわめて困難なことである。彼らは、一度たりとも中立であったり、自立的であったりしたことはなかった。彼らの《中立》とは、右から左への、あるいは左から右への転換点にあたって、常にきわどいところでぴたりと動かなくなることであった。ボリシェヴィキを支持するに際して（左翼社会革命党やアナキストがそうだったように）、あるいは帝政派将軍連を支持するに際して（右翼社会革命党やメンシェヴィキがそうだったように）、小ブルジョワ諸党派は、多くの場合自己の同盟者の勝利が目前に迫った決定的瞬間になってその勝利に脅えてしまったのであり、さらに多くの場合には、彼らは、自己の同盟者が最大の危機に瀕している瞬間に、これを見捨てたのであった。革命期にあって小ブルジョワ諸党派は、たとえ敗北による全損失を分担することがあっても、まず勝利の利益にあずかることはない、ということを人ははっきり認めなければならない。《民主主義》の援助を得て自己の権力を強化しおえた後では、東部（コルチャーク）、北部および西部（ユヂェーニチ、[47] ミレルおよびイギリスの将軍たち）、そして南部（ヂェニーキン）における君主主義的反革命勢力は、自己の援助者および幇助者を常に最大限度の傲慢さと手厳しさとをもって遇したのである。

なんといってもヨーロッパの社会民主主義者たちは、おそらく革命期にではなく戦争の期間中に、手酷いしっぺ返しの形でこの点に関しては戒めを受けていた。大戦中、自国のブルジョワジーがもっとも困難な局面にあった時、これを助けた社会愛国主義者たちは、勝利の成果に対するプロレタリアートの参与とまではいわないまでも、少なくとも彼らの祖国の運命に関する社会主義および彼ら自身の影響力の増大をあてこんでいた。彼らは思い違いをしていたのである。

スウィンドルド、ヘンダーソン、サンバ[48] その他は、自分たちのブルジョワジーを弾劾し、脅し、あげくのはてにはインターナショナルへ訴えるにおよんだ。けれどもこのことは、彼らが自己のブルジョワジーに奉仕しなかったということを意味しているのではない。彼らは奉仕したのだ——そして彼ら自身の一定の要求を提出したのだ。彼らは奉仕したのに反対に騙され、それで文句を言ったというわけだ。彼らがたんに金で雇われた召使いにすぎなかった、とは誰も言っていない。そうではなく、彼らは小ブルジョワ的日和見主義者、つまり、常に動揺きわまりない、信頼を置き難い、抜け目のない、野心満々たる、お喋りな召使いであった――だが、彼らは骨の髄まで召使い根性に侵されている。

＊　＊　＊

すでに述べたようにかのフランス・アカデミー会員のやり方を採用したので、カウツキーはいかなる説明も事由も必要とはしなかったし、いかなる矛盾やつじつまのあわぬことにも驚ろきはしなかった。もしもグルジアが革命的ロシアから脱退したのなら、非難さるべきはボリシェヴィキであった。もしもグルジアがドイツ軍を呼び入れたのなら、それはドイツ軍がトルコ軍よりもましだったからである。ホーエンツォレルン家の軍隊は、グルジアに「強盗や略奪者としてではなく」――カウツキーはどもりどもり舌足らずに語る――「生産力の組織者として」やってきたのだ。ホーエンツォレルン家の軍隊――それは「チフリスの街頭で熱狂的に歓迎」（誰から？）されたのだが――の下にあってすら、グルジアは自己の民主主義的美徳のすべてを保持していた。その魅力が、まず（グルジアが自ら招いた）ドイツ軍の中尉殿を喜ばせ、次にイギリス軍の中尉殿を喜ばせたのであってみれば、第二インターナショナル代表団が到着した時には、グルジアの美徳が最高度に汚れなきものとなっていたことは、何人といえども疑いえないものだったのだろう。かくしてカウツキーの予言的な結論にたどりつく――「ロシアは、メンシェヴィキ・グルジアに体現されているが如きメンシェヴィズムの精神によって救済されることになろう」（七二頁）

「メンシェヴィズムの精神」がはっきりと表現される時がやってきた。一九一八年の暮れ近くなって（一二月二七日）、ＲＳＤＲＰ（メンシェヴィキ）の党協議会がモスクワで開催された。この協議会の席上、白衛軍諸政府に加わっているか、あるいは外国帝国主義と公然と同盟している党内分派の政策について討論が巻き起こった。この討論は、とりわけグルジア・メンシェヴィキをめぐって集中した。メンシェヴィキ執行委員会のこの協議会の公式報告書は、以下の記述を含んでいた――「党は、その隊列の中に、反革命ブルジョワジーや英米帝国主義との同盟者を、彼らの多くをそうした同盟へと駆りたてた意図が何であれ、許容することができないし、また許容するつもりもない」このことは、この協議会の決議の中でまったく明白に述べられていた――「本協議会は、グルジアの民主的政体と独立とを外国の援助およびロシアからの分離に立脚した方針を通じて救い出そうと努めてきたグルジアの社会民主主義者の政策は、全党が追求しつつある任務に敵対する立場に彼らを置くことになっている、と確信するものである」

この示唆に富んだ挿話は、革命に関わる出来事を適確に判断するカウツキーの能力ばかりか、そうしたことどもを解釈するにあたっての彼の誠実さをも浮き彫りにしてくれる。自分の友人たるメンシェヴィキから情報を得ようともせず、あまつさえもっとも初歩的な予防策さえ講ずることもなく、カウツキーはジョルダニア＝ツェレチェリ路線を、真のメンシェヴィキの政策として、それゆえ世界中の社会民主主義者の模範として役立ちうるものとして、紹介したのである。マルトフおよびダンの口を通して宣言された「真のメンシェヴィキ」党によるこの政策への判決は、ジョルダニア＝ツェレチェリ路線は党に対して「党を崩壊させるような影響」をもたらし、「それは、プロレタリア大衆の見地からすれば、党の威信を貶め、否、破壊せしめるものであった」（前記のメンシェヴィキ中央委員会刊行物六頁を参照のこと）カウツキーが《厳正なる中立》というグルジアの政策にマルクス主義の祝福を与えている時に、マルトフとダンはこの政策についてきわめて脅迫的な言葉を用いていた――「党は、世界中のもの笑いの種になることなしには、その階級敵との公然・非公然の同盟をもって党の革命的政策の真髄そのものに敵対しているような党内諸分派

の政治的行為を許容することはできない」（同上、六頁参照）

これは決定的証拠というべきであろう。博学なるカウツキー氏の化粧着は、メンシェヴィキという扉に中途半端に引っかかったままになっており、まるで彼にはそれを取りはずすことができないかのように見える。だが、おそらくカウツキーは、今度はマルトフにやや遅ればせながらの助力を求めることになろう。彼がそうしさえすれば、助けは間違いなくやって来るはずである。カウツキーがメンシェヴィキからこうむった衝撃を軽減するために、われわれ自身も、若干の補足的意見を述べることにしよう。それはきわめて革命的な時期のことだったのだ。ボリシェヴィキは、コルチャークを打ち破りつつあったし、ドイツとオーストリア＝ハンガリーでは革命が勃発していた。メンシェヴィキの指導者たちは、自分たちが沈没せぬためには、もっとも妥協を示すような積荷のいくつかを船外に投げ出さざるを得なかったのである。モスクワやペトログラードの労働者集会において、彼らは裏切りに満ちたグルジアの政策とのあらゆる連帯を憤然として否定した。彼らは、ジョルダニアとその一派が党を「もの笑いの種」[49]にし続けるならば、除名にすると脅した。実に危機的な時期だったのだ――ヒルファーディング自身が憲法にソヴィエトを挿入しようと思ったほどであり、これこそ事態がその極点にまで達していたことをまぎれもなく証明するものであった。

正統派メンシェヴィキはグルジア派を排除すると脅迫した――が、彼らは本当に排除されたのか？　絶対にそうなりはしなかったし、さらにいうならば彼らを排除しようとするどのような意図も一度として存在したことはなかったのだ。彼らが言葉を行為へ変えるようなら、彼らはもはやメンシェヴィキではありえない。国際的メンシェヴィズム全体が、決して実行されることのない条件付きの脅し、決して拳固を伴うことのない意味ありげな身振り以外の何ものでもないのである。

しかしながらこのことは、グルジア・メンシェヴィキの政策に関する根本的な問題についてカウツキーが破廉恥にもその読者を欺いてきた、という事実を変えるものではない。その欺瞞は、他ならぬメンシェヴィキ自身によって暴露されてしまったのだ。カウツキーは、自分の化粧着があまりしっかりと引っかかっているので、身を振りほどくことがもはや無理だということに気付くだろう。

ところで、マクドナルドは？　おお！　マクドナルドは「ご立派な方ですよ」しかし彼には一つの欠点があるのです――彼は社会主義のことは何も御存知ではない、まったくもって何も！

第三章　国内体制

外交政策においては厳正なる中立、そして国内政策においては、もちろん、完璧なる自由。そうだとしか考えられないではないか？　カウツキーは語る、「グルジアにおける労働者と農民との関係は、現在に至るまで、およそ考えうる限りで最良のものである」（五四頁）ライン河から太平洋に至るまで、血腥い内乱が荒れ狂っているというのに、「グルジアは、ドイツ＝オーストリアと同じく暴力沙汰を回避した唯一の国である」（同上）共産主義者はどうしたのかって？　いやなに「完全なる行動の自由を持っていてさえ、彼らはどのような影響力も獲得できなかったのだ」（六五頁）社会民主主義者が、すべての選挙を通じて圧倒的大多数を獲得している。それはまことに、そうした類の国としては、太平洋からライン河にかけての唯一の国である。しかもそのうえライン河の彼方にすら、おそらく老いぼれた元フランス・アカデミー会員が描写したようなモナコを除けば、この類の国はほとんど目にすることができないだろう。

人はしばしあっけにとられて、未熟な油絵風石版画でも見るようにこうしたつたない政治的絵を見つめてしまう、と、それぞれの色が嘘でかためた金切声をはりあげ、やがてすべての色が一つに溶け合ってさらにひときわ破廉恥なものとなり、見る者の目を辱しめる。グルジアの独立の起源と外交政策についてわれわれが先験的に知っていることのすべては、カウツキーがバトゥームーチフリス間で客車から観察するにおよんだ非のうちどころなき平和ということの絵が、贋物であることを示しているのだ。国内政策と外交政策との結びつきは必ずや、グルジアにあってはなおさら、際立って露わにならざるをえない、というのも、グルジアの形成は、昨日の内政上の問題が今日は外交的事件と化すといった具合になされたからである。さらにいえば、自己の内政問題を解決するという口実のもとに、メンシェヴィキはその国内に外国軍隊——最初はドイツ軍、次にイギリス軍を招き入れた、とすればここでももう一度、人はフォン・クレス将軍やウォーカー将軍がこの国の内的営みの中で断じてささやかな役割を果したのではなかったということを先験的に想像してよかろう。

カウツキー——時としてその陳腐さ加減には驚きあきれてしまうのだが——によれば、グルジア駐留のホーエンツォレルンの将軍たちが、民主主義の精確な歯車装置を妨害しようともせず、「生産力の組織者」（五七頁）という高邁な役目を果たしたということになっている以上、ポグロム団の組織化に着手した一団の黒百人組貴族たちの逮捕に関してフォン・クレスが出した厳しい譴責処分のことをここで思い出すのもあながち無用のことではないだろう。「政府は、それがたんに現体制に対して向けられているからというだけの理由で、この市民グループの方針を治安撹乱的なものであると見倣してはならない。その方針が国家の政策そのものに対して向けられない限りは、それは反逆罪として取り扱われてはならないのである」——これがフォン・クレスによって大臣ラミシヴィリに訓示された譴責であった。こうした古典的譴責への返答として、ラミシヴィリは、へりくだった様子で、とりわけ次のように報告している。「私はこの（地主たちの）団体の指導者たちに、旧貴族層の状態を改善するために彼らの計画を提出するよう提案しており、これは目下実行されつつあります」 生産力の組織者フォン・クレスと民主主義者ラミシヴィリとの功績に何か相違点を見い出そうとするのは、また別個の問題であろう。国内の営みに対しては、イギリス軍将校の方が、ドイツ軍よりもはるかに傲慢に干渉した、ということは既に述べた。にもかかわらず、軍事的露骨さと極端なまでの無遠慮さとを除外すれば、ドイツおよびイギリスの干渉は、概して、革命のそもそも当初よりメンシェヴィキが採っていた政策と同じ社会的・政治的保守主義路線に合致するものであった。

ロシア革命の経験からツェレチェリが引き出した主要な教訓は、「無政府状態に対する闘争における民主主義の怯懦と逡巡」が民主主義、革命そして国家を破滅させたのだ、というものであり、政府に対する鼓吹者の総帥として、彼はザカフカース議会から「無政府状態の発現に対する闘争に際してはもっとも厳しい手段に訴えることを政府の義務とするよう」要求した（一九一八年三月一八日）。これよりもさらに早い時期に、ジョルダニアは議会で演説した——「わが国において無政府状態が増大しつつある……労働者階級はボリシェヴィキ的気分に染っている——メンシェヴィキ派労働者ですらボリシェヴィズムに汚染されている」（二月一五日）。

最初のグルジア民族連隊も同様にこうした精神に滲透されていた。除隊した兵士たちは、革命という伝染病を村々へばらまいてまわっていた。「現在わが農村において起こっていることは」とジョルダニアは語る、「なにも目新しいことではない。同じことがあらゆる革命を通じて起こった、いたるところで農民大衆は民主主義に反抗して起ち上がったのだ。今こそわれわれにとって、農民の社会民主党に対する通俗的幻想の支配に終止符をうつべき時である。今こそマルクスへたち戻り、農民的反動から革命をしっかりと防衛すべき時なのだ」 マルクスへの言及は、ただ愚かさを強調するだけの詐術にすぎない。いま問題にしているメンシェヴィキの治世を通じて、ザカフカースの農民層は民主主義革命に反対して決起したのではなく、とくに土地問題における革命の遅延、逡巡あるいは臆病さに対して起ち上がったのである。都市の物質的要求、経済政策上の社会主義的傾向、そして最後に労働者階級党による独裁、これらに反対する反革命的農民運動への基盤が切り拓かれたのは、土地＝民主主義革命が真に勝利した後のことにすぎなかった。革命の第一段階にあっては、土地騒擾の活力が、農村の下層階級、すなわちもっとも抑圧され収奪されていた部分であったのに反し、第二段階にあっては、土地騒擾の指導的役割が農村の上層階級すなわちより裕福な、搾取を行なっている部分の手に移っていったのである。だが、グルジア・メンシェヴィキが、その他のメンシェヴィキと同様に、マルクス主義における革命のＡＢＣを理解していないという点に長々とこだわる必要はいささかもない。われわれは、住民の圧倒的大多数から成る農民大衆が、メンシェヴィキ的《民主主義》に反対してボリシェヴィキ的に行動したという事実を認めることで満足している。議会で下書きされた計画に忠実に、グルジア政府は、都市の小ブルジョワ民主主義の支援と全体的にみて多数派とはお世辞にもいえない労働者階級の上層部とに依拠して、ボリシェヴィズムに汚染された勤労大衆に対する無慈悲な闘争を行なった。

メンシェヴィキ・グルジアの全歴史は、農民叛乱の歴史である。それはいかなる例外もなく、どのような片田舎をも巻き込んで、至る所で勃発し、しばしば非常な頑強さを示した。いくつかの郡では、ソヴィエト体制が数か月にわたって持続した。これらの叛乱は、懲罰遠征隊の手で圧殺され、将校と地主貴族から構成された軍事法廷によって処断された。

グルジア政府が革命的農民を処断したやり口は、アブハジアにおけるマルジニエフ隊の行動についてのアブハジア・メンシェヴィキの報告文の中にもっとも良く述べられている。

「この分遣隊はその残忍さと無慈悲さの点で」とグルジア政府に提出されたこの報告書は書いている、「かの悪名高きツァーリの将軍のアリハーノフを凌駕していた。たとえば、この連隊のカザークは平和なアブハジアの村々に押し入り、値打ちのありそうなものを手あたり次第に略奪し、女たちを犯した。この分遣隊の別な一隊は、市民トゥハレリじきじきの指揮の下に、密告者が通報した人びとの家屋に面白半分に手榴弾を投げ込んだ。類似の暴虐行為は、グダウト郡でも行なわれた。グルジア分遣隊長クプリヤ中尉――もとポチの警察署長――は、アツィ村のスホト〔村集会〕全員を残酷に虐待した。彼は、全員に機関銃の銃火の下に身を横たえるよう強制し、やがてそれに続いて自分のサーベルの刀身で彼らを殴りながら彼らの身体を踏みつけて歩き始めた。次いで彼は、村会員全員に一団にかたまるよう命令し、馬に跨がると全速力で疾走してその只中に突込み、左右に鞭をふるったのである。アブハジア国民会議の前議員アブフヴァとギュクヤは、そうした蛮行と暴力に抗議したために、逮捕されて土牢に投げ込まれた。グダウト郡副コミサール、グリゴリアヂ中尉は、スホト構成員を頻繁に笞打ち、村のかつての帝政派長老の中から人民に憎悪されている者を選んで村行政官に任命した……」

これはカウツキーの、メンシェヴィキと農民との関係は常に「考えうる限りで最良のもの……」という記述をさらに確証するものとはなってないのではないか？　アブハジアにおける弾圧は、アブハジア・メンシェヴィキほとんど全員（タルノヴァ、バズバ、チュクバル、コバヒヤ、ツヴィジバ、バルツゥイン、ヂュクヤ）の社会民主党からの脱党という結果をもたらした。

ヂュゲリは、オセチアの叛乱鎮圧に際して実に残酷に振舞った。われわれが、啓蒙のためという理由から、グルジア・メンシェヴィキの政策をできるだけ彼ら自身の声明文や記録に依って特徴づけることを自らの任務とした以上、われわれは、われわれの文学的好みを克服しながら、前人民親衛隊長官にして著名で《騎士道精神にみちた》メンシェヴィキ指導者ヴァリコ・ヂュゲリの手で刊行された本から、引用しなければならないだろう。われわれは、オセチアの農民蜂起におけるヂュゲリの行動にふれた箇所をいくつか引用することにしよう。

「敵はいたるところで、ほとんど抵抗を試みることもなく、散を乱して敗走している。これらの叛徒どもは厳しく罰せられねばならぬ」

同じ日、彼はその日記に次のように記入した（この本は日記形式で刊行されている）。

「夜の帷がおりた。あちこちに火の手があがっているのが見える。叛徒の家が燃えているのだ。だが、私はすでにこうしたことに慣れきってしまったので、ほぼ冷静にこのような光景を観察することができる」

その翌日には、われわれは次のような記述を目にする――「オセチアの村々は、われわれの四方で、ことごとく炎上しつつある……家が燃えている……炎と剣……」

その数時間後に、再び彼は書き記している――「紅蓮の炎は依然として勢いを増し続けている……」

その同じ日の夕刻、彼は書いている――「今やいたるところ火の海だ……ひたすら燃え続けている……不吉な炎――どこかぞっとするような、残忍な、不気味な美しさをたたえた……すると、夜空にあかあかと燃え上がるこの炎を凝視しながら、旧い一人の同志が悲しげに私に言った『僕はネロとローマの大火のことが理解できそうだ』と。なおも火は燃えている、いたるところを焼き尽くしながら」

こうした忌まわしいまでに気どった文章は、ともかくもわれわれにグルジア・メンシェヴィキと農民との関係が変わることなく「考えうる限りで最良」のままであることを、ひときわ確信させてくれる。

イギリスが一九二〇年にアジャリア（バトゥーム地方）を撤退した後、グルジア政府は、砲兵隊の援けを得てこの地区の占領に赴かねばならなかった。いいかえれば、ヂュゲリはグルジアのあらゆる地方で暴君ネロの如く気どった自己の文章をひけらかす機会を引き続き持った、ということになる。

ラミシヴィリがジョルダニアの後を承《う》けて内務大臣となった。これは、旧貴族層の状態を改善するという問題に夢中になった、そして叛乱を起こした農民たちに対する白色テロルを正当化するためにマルクスを引き合いに出した、あのラミシヴィリと同一人物であった。しかしながら、国内に外国軍隊が駐留していなかったならば、メンシェヴィキの独裁は、美辞麗句の造花で飾りたてた白色テロルをものともせぬ革命運動の奔流によって跡形ひとつ残さず押し流されてしまったであろう、ということははっきり断言できる。この時期を通じてメンシェヴィキが生き長らえるのを助けたのは、ドイツ人マルクスではなく、ドイツ人フォン・クレスだったのである。（原註）

（原註）われわれはここで、グルジアにおいて起こった農民蜂起のすべてを列挙するつもりはない。この運動に関する簡潔な概要は、同志ミハ・ツハーカヤの論文（『コミュニスト・インターナショナル』第一八号、五七一頁その他）で与えられる。

カウツキーのグルジア共産党に対する「完全なる行動の自由」についての所説は、とりわけ不穏当なものである。彼が、グルジア共産党は何ほどかの自由を得ていたと言ったのであれば、それでことたりたことだろうに。ところがすでにわれわれが知ってのように、彼が中立について語る場合には、それはもっとも厳正なるものとなり、自由についてならば、それはもっとも完全なるものとなる――さらに彼は、たんに友好的な関係について語るのではなく、「考えうる限りで最良の」と言ってしまうのだ。

それにもまして驚くべきことは、カウツキーもヴァンデルヴェルデもスノーデン夫人その人も、あるいは外交官やブルジョワ新聞のジャーナリストや自由の忠実なる後見人「タイムズ」紙や廉潔きわまりない「タン」紙、いいかえれば、グルジアの民主主義にその祝福を与えた者のうち誰一人として……特別部隊の存在に注意を払った者がいなかった、ということである。この特別部隊とは、驚くなかれ、メンシェヴィキ版チェーカー〔非常委員会〕なのだ。この特別部隊は、メンシェヴィキ的民主主義に積極的に反対活動を行なう者たち全員を、逮捕し投獄し、銃殺した。この特別部隊は、そのテロルの方法においては、ソヴィエト・ロシアの非常委員会といささかも異なるところはなかった。異なった点といえば唯一、その目的であった。非常委員会は資本の手先に抗して社会主義者の独裁を防衛したのに反し、特別部隊はボリシェヴィキ的「無政府状態」からブルジョワ体制を防衛したのである。しかしながら、他ならぬまさにこの故をもって、チェーカーを呪った御立派な方々が、グルジアの特別部隊には気づかなかったのだ。

グルジア・ボリシェヴィキは、特別部隊が主として彼らを弾圧するために存在していた以上は、それを無視するわけにはいかなかった。グルジア共産主義者の殉教物語を引用することが必要だろうか？　逮捕、追放、白衛軍への引き渡し、投獄、ハンガー・ストライキ、略式処刑。このすべてを数えあげることが必要だろうか？　ゲゲチコーリのヂェニーキンへの丁重な報告書を想起すれば十分ではないのか？「ボリシェヴィキに対処する態度という問題に関して。ボリシェヴィズムに抗する闘争は、われわれの側では、いいいい、仮借なきものとなっていると言ってもさしつかえない、と考える。われわれは、ありとあらゆる手段を行使してボリシェヴィズムを粉砕しつつある……さらにわれわれは、この点については、自らそれを物語る数多くの証拠をすでに提出したはずである」 この引用文は、もしもカウツキーの寝帽《ナイトキャップ》がとうに各方面からのお世辞抜きの讃辞で一杯になっていたのでなかったら、それに刻み込まれるべきであったろうに。ゲゲチコーリが「われわれはあらゆる手段をもって粉砕する」、「われわれは仮借なく弾圧する」と語ると、カウツキーは、これをもっとも完全なる自由を意味するものとして説明するのだ。カウツキーに寛大で真に民主主義的な後見人をつけてやってもよい頃合ではないだろうか？

一九一八年二月八日には早くも、すべてのボリシェヴィキ派の新聞が発行を禁止された。当時ソヴィエト・ロシアにあっては、メンシェヴィキ派の新聞・雑誌はまったくおおっぴらに刊行され続けていた。二月一〇日、まさにザカフカース議会の開会日の当日、チフリスのアレクサンドル公園における平和的な集会が銃火によって解散させられた。二月一五日には、ジョルダニアが議会で、メンシェヴィキ派労働者さえ巻き込んだ人民大衆のボリシェヴィキ的気分について大声で非難弾劾した。最後に三月に入って、かつてケレンスキーと組んでわが党を大逆罪のかどで告発したツェレチェリが、議会を前にして、ボリシェヴィキに対処するに際してのケレンスキー政府のはなはだしい「弱腰と逡巡」とを悪罵した。ドイツ軍は、フィンランドやバルト諸国それにウクライナの場合と同様に、主としてボリシェヴィキに対抗するためグルジアに導入された。ボリシェヴィキに関するアメリカ代表の質問に対して、グルジア外交の代表者トプリーゼは、こう答えた――「われわれは成功裡に彼らを鎮圧しました。それは証明するまでもないことでしょう、つまり、かつてのロシア領土のうちただグルジアだけがボリシェヴィズムを免れているのです」 トプリーゼは、その未来についても同じくらい断固として請け合っている――「わが共和国は、総力をあげ、全手段を行使して、ボリシェヴィキとの戦いにおいて、協商国と協力するつもりです」

西部カフカース駐留イギリス軍司令官フォレスター・ウォーカー将軍は、一九一九年一月四日、口頭および文書の双方をもってジョルダニアに、カフカースにおける協商国の敵は「ボリシェヴィズムであり、列強はいついかなるところにそれが出現しようとも断固これを粉砕する旨決議した」ということを説明した。二週間たった後、ジョルダニアはこれについてイギリスのミルネ将軍へ明言した――「ウォーカー将軍は……わが国の事態に理解を示された最初の方であることがよくわかりました」ミルネ将軍自身もジョルダニアへの同意を以下のようなかたちで要約した――「貴方がたとわれわれとは共通の敵を有している――それはドイツ人とボリシェヴィキなのだ」こうしたすべてのことどもが当然にもないまぜられて、ボリシェヴィキに対する「完全なる行動の自由」のための好条件を整えたのであった。

二月一八日、ウォーカー将軍は以下のような命令第九九／六号をグルジア政府に与えた――「グルジアに入国してくるすべてのボリシェヴィキは、ただムツヘト（チフリスの監獄）一個所にのみ拘禁され、厳重な監視下に置かれねばならない」これはヂェニーキンからの避難所を求めてきたボリシェヴィキについて言われていることである。ところがもう二月二五日付の命令第九九／九号ではウォーカーは次のようにしたためていた――「本月二〇日付のエヌ・ジョルダニア閣下との会談の結果、本官は、将来において幹線道路を通じてのボリシェヴィキのグルジアへの入国を阻止することが必要になるだろうという結論に到達した」ボリシェヴィキ避難者をムツヘトに拘禁することは、少なくともしばらくの間、彼らの生命を保護することにはなった。ウォーカーは、彼らの避難路を閉鎖し、それによって彼らをヂェニーキンの死刑執行吏の手中に投げ返すことが最善であるという「結論に到達」したのである。もしもアーサー・ヘンダーソン氏がそのソヴィエト政府の蛮行を暴く仕事や兄弟団の礼拝から少しでも時間を割くことができさえすれば、彼はこの問題についてフォレスター・ウォーカーと意見の交換をすべきだと思うのだが。

ことは、この両閣下同士の会談や文通にとどまらなかった。すでに四月八日には、テル共和国のソヴィエト人民委員、その妻子、赤軍兵士およびその他の避難民を含む四二名の人びとがグルジア親衛隊によってダリヤル要塞に拘留され、ツェレチェリ大佐の指揮下に侮辱的扱い、暴行殴打を受けたあげく、ヂェニーキン支配地域へと追い返されたのだ。ジョルダニアは後になってこの無邪気な事件の責任をツェレチェリ大佐にとらせようとしたが、実のところ彼はジョルダニアとウォーカーとの秘密協定を履行したにすぎなかったのである。なるほどたしかに命令第九九／九号は胸や頭を銃床や棒で殴ることについては何も述べてはいない、だが絶望に気も狂わんばかりになって、確実な死から逃れる場を求めている、疲れ果て恐怖にうちひしがれた人びとを他のどんな方法で追い払えたというのだ？　ツェレチェリ大佐は、彼より高名な同名者が教えてくれた、ボリシェヴィズムに対する闘争における「民主主義の弱腰と逡巡」は国家と民族を亡ぼすことになろう、という教訓を疑いもなく学んでいたのだ。

このようにして、そもそもの最初から共産主義に対する聖戦が、グルジア共和国の根底そのものに捉えられていた。党指導者と政府のメンバーは、「ボリシェヴィズムを仮借なく弾圧すること」を自己の政綱の根本的な主柱とした。国家のもっとも重要な諸機関――特別部隊、人民親衛隊および民兵が、この任務に従事させられた。ドイツ次いでイギリス軍将校たち――この時期を通じてのグルジアの真の支配者たち――は、社会民主主義の政綱のこの部分については完全に同意した。共産主義者の新聞は禁止され、集会は銃火によって解散させられ、ボリシェヴィキ指導下の革命的村々は焼き払われた。特別部隊は、指導者たちの大量銃殺を行なった。ムッヘトは投獄された共産主義者で満員となり、ボリシェヴィキの避難者たちはヂェニーキン勢力に引き渡された。グルジアでは、一九一九年一〇月ひと月だけで、当時の内務大臣の発表によれば、三〇人以上の共産主義者が銃殺されていた。その他のすべての点においても、敬虔なるカウツキーの口を通じてわれわれが教わったように、グルジア共産党は、「もっとも完全なる行動の自由」を享受していたのである。

なるほどカウツキーがチフリスを訪問した時には、グルジア共産主義者は自己の合法的な刊行物を持っていたし、「もっとも完全な」と形容するにはとても程遠かったものの、ある種の行動の自由を享受していたこともたしかである。だが、こうした一時的な体制は、われわれがヂェニーキンを打ち破った後、ソヴィエト・ロシアとグルジアとの講和条約の締結をもたらした一九二〇年三月三日のソヴィエトの最後通牒の結果として実施されたのだ、ということがこれにはつけ加えられねばならない。一九一八年二月から一九二〇年六月に至る全期間を通じて、グルジア共産党は非合法状態に留まらざるをえなかったのだ。

とすれば、一九二〇年にソヴィエトは《民主主義》なるものの内紛に、しかも《中立》を唱えるもののそれに、干渉したということになるのだろうか？　まことに悲しいことだが、このことは否定しえない。フォン・クレス将軍は、グルジアの貴族は反革命的行動を行なう自由を与えられるべきだ、と要求した。ウォーカー将軍は、共産主義者はムッヘトへ投獄されるか銃床で殴られたあげくにヂェニーキンへ引き渡されるべきだ、と要求した。われわれはといえば、ヂェニーキンを粉砕した後グルジア国境に迫り、共産主義者は武装蜂起を目指さない限りは行動の自由を与えられるべきだ、と要求したのだ。

ヘンダーソン氏よ、つまるところ、きわめて欠点だらけの世の中なのだ！　メンシェヴィキ政府は、黙ってわれわれの要求を受け入れる他はないと悟り、彼らの公式報告にしたがえば、その監獄から直ちに九〇〇名をこえるボリシェヴィキを解放したのである。(原註)

(原註)　グルジア外務大臣の一九二〇年六月三〇日付の覚書第五一七一号。

これは、それにしても、大いに人目を引く数字というほどではない。だが、住民数を考慮に入れねばならないだろう。かりに公正を期して――おおスノーデン夫人よ、われわれの心とて公明正大さに耳を傾ける用意はあるのですぞ――グルジアにおけるこの比率(二五〇万の人口に対して九〇〇名の投獄)をソヴィエト連邦に置きかえてみるとすれば、われわれはおよそ四万五〇〇〇人のメンシェヴィキをソヴィエト共和国の監獄に投獄する権利を持つことになろう。思うに、革命のもっとも急迫した、試練にみちた瞬間――これには常にメンシェヴィキの側からするひときわ強化された敵対行動が伴ったが――にあっても、われわれはこの厖大な数字の十分の一の投獄さえも達成しはしなかったのだ。しかも、ソヴィエトの国境内では四万五〇〇〇人ものメンシェヴィキを集めることなど不可能であったので、われわれはジョルダニアとツェレチェリによって開始され第二インターナショナルの指導者たちによって容認されてきた弾圧の比率をわれわれの実践が決して凌駕することはない、と安心して請け合うことができる。

さて、内戦という方法を用いて、われわれは五月にグルジア政府を強制して共産党を合法化させた。銃殺された人びとを生き返らせることはできなかったけれど、投獄された人びとは釈放された。もし民主主義なるものがほんの少しでも民主的なものに近づいたとすれば、それは見てのとおり、プロレタリア独裁の鉄拳の下に置かれてはじめて起こったにすぎない。「民主的武器としての革命的鉄拳」――ヘンダーソン氏よ、ここに日曜日の説教用に格好な主題がありますぞ。

このことは、一九二〇年後半のグルジアの政策が、ボリシェヴィキとの友好関係の樹立という意味において新機軸をうち出したことを意味するものだろうか？　いささかもそうではない。メンシェヴィキ政府は、一九二〇年春に激しい恐怖の時期を体験し、そして譲歩した。ところが、振り上げられた鉄拳が自分たちの頭上に降りおろされそうにもないと確信するようになると、心穏やかではなかったものの、彼らは自分たちがその危険性を過大評価していたのだという結論に達し、やがて全戦線にわたって逆戻りしはじめた。

まず第一に、共産主義者に対する弾圧が復活した。われわれの外交代表は、やっかいで単調な表記を要する一連の覚書をもって、新聞の禁止、逮捕、党所有物の押収等々に対して抗議した。だがこうした抗議は、もはや役に立たなかった――グルジア政府は、非常に頑迷になり、ヴランゲリに協力し、ポーランドに希望を抱き、その結果、滅亡への途を急いでいたのである……。

要約すれば――どの点においてメンシェヴィキの「民主主義」はボリシェヴィキの独裁と異なっていたのか？

第一に、メンシェヴィキのテロリスト体制は、ボリシェヴィキ的方法の多くを模倣しつつも、私有財産制および帝国主義との同盟を維持することを目指していた。ソヴィエトの独裁は、革命的プロレタリアートと同盟した、社会の社会主義的再建を目指す組織された闘争であったし、今もそうである。第二に、ボリシェヴィキのソヴィエト独裁はその正当性を、自己の歴史的使命と自己の存在している状況との中に見い出すであろうし、そのうえ公然と行動している。これに反して、テロリズムと民主主義というメンシェヴィキ体制は、偽善に嫁いだ残忍さが産んだ邪悪な申し子なのである。

第四章　警戒期

中欧諸国〔ドイツ、オーストリア、ハンガリー〕の軍国主義の倒壊とドイツにおける革命は、世界情勢に大きな変化をもたらした。チフリスの政治家たちは、新たな方向を模索していた。彼らは、単純さをまる出しにして、連合国の前に媚びへつらうことを選んだ。それでも彼らは未来に対して不安を抱いていた。ドイツとの隷属的同盟は、ドイツがブレスト＝リトフスクという輪索を用いてソヴィエト・ロシアを絞殺しつつあり、ソヴィエト・ロシアの滅亡は必至だと思われていたために、しばらくの間はグルジアの保全にとって安全保障を与えてくれた。ところが、大英帝国への同様な隷属的屈従は、そうしたいかなる保障をも約束してくれなかった――ソヴィエト・ロシアは大英帝国と戦争状態にあったし、しかもこの抗争の最終的結果に関係なく、尖鋭な転換点のどこかでグルジアはいとも簡単に致命的打撃をこうむることになったろう。協商国の勝利はヂェニーキンの勝利を、したがってメンシェヴィキ支配の抹殺を意味した。ところが一九一九年には、ヂェニーキンの作戦行動の方は大きな展開をみせつつあったのだ。ソヴィエト権力の勝利もまた危険に満ちたものであった、が、一九一九年にはソヴィエト軍はカフカースから駆逐されていた。チフリスの政治家たちは自己の反革命派との関係を隠蔽することにますます用心深く、細心になったが、それだけ先見の明や誠実さからは縁遠くなっていった。さらにそのうえ、ヨーロッパにおける労働運動全体の趨勢は、必然的にメンシェヴィキ精神にとって幾分嫌悪をもよおすようなものとなってきた。一九一九年は、爆発的な革命の嵐が吹き荒れた年だったのである。ホーエンツォレルン家とハプスブルグ家の王座は転覆され、それよりもいっそう強力なブルジョワジーの王座は瓦解しつつあった。第二インターナショナルの諸党派は、その継ぎ目にひびが入りはじめていた。ロシアのメンシェヴィキはといえば、一方では相も変らず共産主義者を弾劾し、お説教を垂れながら、まことしやかな口実を設けて憲法制定会議という合言葉を放棄し「社会革命の時期」について語りはじめたし、自己のグルジアにおける追随者たちを英米帝国主義との政治的同盟の故をもって非難した。これらの驚くべき兆候もまた、いっそう大いなる警戒を必要としていたのである。

一九一九年には、その初期を除いて、グルジア・メンシェヴィキは自らすすんでヂェニーキンの支援に駆けつけようとはしなかったし、実際のところ、ヂェニーキンの方も以前ほどには彼らの援助を必要とする立場になかった。それどころか彼らは、白衛軍に対する彼らの支援を吹聴することもなくなった。反対に彼らは、こうした支援がイギリス軍将校の強い圧力のもとになされたということを慎重にほのめかしたのである。しかしながらこのことは、彼らの協商国との協働に、いわば敵対する二党派間の実務的な妥協といった性格を付与したわけではなかった。それは精神的・政治的隷属と依存というその性格を完全に持(50)ち続けていたのである。彼らは、「西欧民主主義」というどうとでもとれる美辞と気の抜けたウィルソンの陳腐な言い草とを、グルジア・メンシェヴィズムの言葉に翻訳し直し、国際連盟という理念の壮大さの前に拝跪した。実践においては、彼らはさらに用心深くなり、それだけ狡猾さを増したのだった。

われわれは、スノーデン夫人が、神もその戒律も否定するわれわれが《誠実さ》をどのように了解しているか知りたがって好奇心を燃やしているのではないかと強い疑問をもつ。われわれは、ヘンダーソン氏がこうした質問を皮肉抜きではなくわれわれに対して行なったのではないかと疑ってさえいるのだ。もしも皮肉なるものが信仰心と多少とも両立すればの話だが。

われわれは、それが教会のであろうと大学のであろうと、ヴァチカンのであろうとP・S・A〔心地良い日曜の昼下り〕のであろうと、聖人君子たちのもつ絶対的道徳に自分たちが精通しているわけではないことを正直に白状しよう。カントの定言的命令、キリストの化体あるいは宗教的神話の典雅な美徳などは、シナイ山で永遠の道徳という宝を見い出したかの年老いた厳格にして賢明なるモーゼ同様、われわれにとってはあずかり知らぬところである。道徳とは現に脈動している人間社会が有する一機能である。その性格の中には絶対的なものは何も存しない、なぜならば、それはその社会の進歩と共に変化し、その社会の階級——主として支配階級——の利害の表現として奉仕するものだからである。公認された道徳とは、抑圧された者を拘束するくつわである。労働者階級は、その闘争の過程を通じて、神と絶対的規範とを廃止することに始まる自分たち自身の革命的道徳を心を込めて創りあげてきた。誠実さということをわれわれは、社会革命を通じての人類の解放というわれわれの運動と闘争の至高の目的によって検証される、労働者階級を面前にしての言行一致であると理解している。たとえばわれわれは、人は欺いたり、狡猾であったりしてはならないとか、人はその敵を愛さねばならないとか言いはしない、というのも、そうした高尚な道徳は明らかにカーゾン卿[51]やノースクリフ卿やヘンダーソン氏のような信仰心の篤い政治家にとってのみ身近かに感じられるものだからである。われわれは、自己の敵をその功罪に従って憎んだりあるいは軽蔑したりするし、彼らに殴りかかったり場合によっては彼らを騙すこともするし、彼らと妥協点に達した時でさえも、寛大なる親愛感の昂まりに足をすくわれるようなことはないのだ。しかしながらわれわれは、人は人民大衆に対して嘘をついてはならぬということ、さらには大衆自身の闘争の目的と手段とに関しては彼らを欺いてはならぬということをかたく信じている。社会革命は、プロレタリア的意識の成長および自己の持てる力と自己を導く党とに対するプロレタリアートの信頼感とに全的に基礎づけられているのだ。人はプロレタリアートの敵に対してならば裏表を使いわけてもよいであろうが、プロレタリアート自身に対しては、それは認められない。わが党も、自らが指導している大衆と共にこれまでに誤ちを犯したことがある。われわれは常にこれらの誤ちをまったく公然と大衆に知らせてきたし、また彼らと共に必要な修正を行なってきた。熱烈な遵法主義者たちが喜々として煽動と呼びなすところのものは、卒直にすぎるほどそして声高かにすぎるほどに表明されるところの真実そのものなのである。スノーデン夫人よ、これが誠実さというものについてのわれわれの考えなのだ。

グルジア・メンシェヴィキの全政策は、敵を欺くだけでなく大衆をもごまかそうとする一連の悪辣な奸計、ちゃちで狡賢い策略、それに抜け目ない実践に終始した。ボリシェヴィキ的傾向は、労働者や農民、さらにはメンシェヴィキ派労働者の中にさえ波及していた。彼らは力ずくで弾圧された。と同時に、大衆は自分たちの敵を味方だと信じ込まされることによって混乱させられていった。フォン・クレスは彼らに友人として、またウォーカー将軍は民主主義の擁護者として紹介された。ロシア白衛軍との和解は、ある時には協商国を喜ばせるためにまったく公然と、またある時には大衆を騒がせないために秘密裡に行なわれたのだった。

一九一九年はグルジア・メンシェヴィキにとって極度の警戒と秘密とを要する年であったが、だからといって彼らの政策がそれだけ誠実なものであったというわけではなかった。

第五章　グルジアとヴランゲリ

一九一九年の一二月を通じて、ソヴィエト連邦における軍事情勢に激しい変化が生じた。ユヂェーニチは全滅させせられ、ヂェニーキンはまず南部へ撃退され、次いで完全に撃破された。この年が終わる頃には、ヂェニーキン軍は散り散りにされ、いくつかの士気沮喪した集団へと転落していた。協商国は白衛軍に対する熱意を失なってしまったかに思われた。英仏両国の干渉者たちの最強硬派は、国境沿いの国々へとその注意を転じたのである。ポーランドが、ソヴィエト・ロシアに対する定期的攻撃において主要な位置を与えられることとなった。この新たな計画は、英仏外交が、ロシア白衛軍の帝国主義的姿態とは無関係であるという印象をつくりあげ、さらにグルジアの独立を承認することを可能にした。

こうした情勢の下にあって、ソヴィエト政府はグルジアに対して反ヂェニーキン同盟を提案した。この提案は二重の配慮があった。——第一には、グルジア政府に、その国際的立場を転換するにあたってはフォン・クレスやウォーカー将軍の軍事的支援に頼る必要はなく、ブジョンヌイ(52)の支援を得られるであろう旨を理解させることだった。第二には、グルジアの助けを借りて、ヂェニーキン軍の残存部隊が新たな戦線を形成するのを阻止するために彼らを早急に掃討することであった。

この提案は、グルジア政府によって無条件に拒絶された。われわれはグルジアのドイツ、トルコ、チェニーキンあるいは英国との関係を熟知している以上、グルジアのこの拒絶を中立に関するその気づかいによるものだと説明するけたはずれに熱心なカウツキーに留意する必要はいささかもない。ましてや、当時額に汗して協商国による承認をとりつけようとしていたジョルダニアの姿が、メンシェヴィキの方針の主要な原動力を十分に物語っているからには、なおさらそうである。

一月一四日、彼は憲法制定会議で次のように公言した――「諸君も御存知のようにソヴィエト・ロシアはわれわれに対して軍事的同盟を提案してきた。われわれは一も二もなく断った。われわれの回答は諸君にも知らされるべきである。この同盟は、いったい何を意味するのであろうか？　それは、われわれが自己のヨーロッパとの諸関係を断つことを意味するであろう……この点でグルジアの歩む途とロシアの歩む途とは、分かれるのである。われわれの歩む途はヨーロッパへ通じている。ロシアの歩む途はアジアへ通じているのだ。私は、われわれの敵がわれわれは帝国主義者の側に立っている、と言うであろうことを承知している。だからこそ私はここで一段と声を強めて言っておかねばならない。私は西方の帝国主義者の方が東方の狂信者よりもむしろ好みなのだ、と」　政府の首長の口から発せられたこれらの言葉は、もちろん、いいかげんなものと見做すことはできない。それは、ジョルダニアが「西方の帝国主義者」の新たな軍事作戦においてグルジアは衷心よりピルスーツキー[53]、タケ・ユネスク、ミルラン[54]その他の者たちの側に立つであろうとたんに述べるにとどまらず声を張りあげて叫ぶ機会をも得て喜んでいる、ということを意味しているのだ。自己を防衛しつつあるソヴィエト・ロシアに襲いかかるヨーロッパ帝国主義者を「好む」ジョルダニアの権利は、誰も否定できない。しかしながらその場合には、帝国主義に仕える小ブルジョワ的下僕どもの反革命的頭を、必要とあらば、粉砕するわれわれ東方の狂信者の権利もまた否定されてはならないのだ。というのは、われわれもまた、頭を失くした敵の方がわれわれに襲いかかり危害をおよぼす力を保持している敵よりも好みなのだ、と一段と「声を強めて言」えるからである。

ヂェニーキン軍残存部隊のもっとも解体の程度が少ない部分は、クリミアへ逃げ込んだ。だがクリミアとはそも何なのだ？　それは要塞ではなく、罠とでもいうべきものなのだ。一九一九年には他ならぬわれわれ自身が、ウクライナ方面よりわれわれをそこに封じ込めようとヂェニーキンが躍起となっていた当のその罠から脱出したのだった。にもかかわらず、ヴランゲリはクリミアに立て籠り、新たな軍隊と新たな政府とを建設しはじめた。ヴランゲリは、ひとえに英仏艦隊が完全に彼の自由裁量下に置かれたが故にそうできたにすぎなかった。ところが、協商国の艦艇はそれ自体としては問題を解決してくれるものではなかった。彼らはヴランゲリに、衣料品、武器さらに一定量の食糧を供給してはくれたが、彼がもっとも必要としていたのは人員だったのである。むろん、彼は十分な数の人員を得た――グルジアから。たとえグルジア物語にとってこれ以外に罪禍が見あたらないとしても、その命運はもはや定まったと考えられるべきであろう。グルジアが協商国に抵抗せずに妥協した以上は、その圧力を云々するのは無駄なことである。けれども、政治的観点からみると問題ははるかに単純かつ明快なものとなる。もしもグルジアの独立というものが、トルコ人、ドイツ人、イギリス人それにフランス人の要求によってソヴィエト・ロシアという建物に火を放つよう強いられているという事実にのみ存するのであれば、われわれは確かにそのような独立と和解することを期待すべくもない。

ヴランゲリは、ほぼ一万五〇〇〇から二万を越えない程度の兵力をもってクリミアに入った。地方住民の動員はさほど効果的ではなかった。というのは動員された者に戦闘意欲がなく、その多くが山中に入り込み《緑軍》（農民盗賊団）の支隊を形成したからである。衛戍軍という限定された性格とその資金難とのために、ヴランゲリには第一級の戦闘員が不足していた。それらは白衛軍将校、義勇兵それに富裕なカザークたちであり、そのすべてがすでにコルチャーク、ヂェニーキン、ユヂェーニチの指揮下に内戦の学校をくぐり抜けてきた、ソヴィエト権力の不倶戴天の敵であった。協商国の艦船は彼らをあらゆるところから運び込んできたが、彼らの主たる巣窟は、グルジアであることが判明した。撃破されたヂェニーキン軍の右翼は、わが軍の騎兵部隊に追撃されてカフカースへ逃げ込み、メンシェヴィキ共和国の領土内に避難所を求めたのである。これはもちろん、いわゆる国際法とかいうものにお定りのいくばくかの儀式ばった演技を伴って行なわれた。《中立》国として、それは退却しつつある白衛軍部隊を受け入れ、当然にも彼らを《強制収容所》へ抑留した。ところが、東方の狂信者に対してよりも西方の帝国主義者に対して強い親戚関係を主張した国家として、それは《収容所》を、白衛軍がいささかも時間を無駄にすることなくクリミアにたどりつけるようなものへと改造したのだった。

協商国代表との予備協定に従って（このことを証明する記録文書はわれわれの手中にある）、メンシェヴィキ政府は、武器の使用に耐えうる健康なヂェニーキン軍の兵員を連れ出し、海岸に位置するポチに彼らを集結させ、そこから協商国の船が彼らを輸送したのであった。しかも、ポンティオ・ジョルダニア[55]がもつ《中立性》という評判をいささかも傷つけることのないように、この政府の代表は、イギリスおよびフランス汽船の船長たちに、彼らは亡命者たちをコンスタンチノープル（現イスタンブール）へ輸送してゆくのだという趣旨の念書を書くよう要求した。それゆえ、もしも彼らが（クリミアの）セバートポリへ運ばれたとしたら、それは当然にも当該汽船の船長の側の全的な協約違反によるものであるというわけだ。

一万名を下らぬ、そのようにして選り抜かれたヂェニーキン軍兵士がポチへと移送された。グルジアで発見された記録文書の中には、軍事的亡命者についての政府委員会のきわめて示唆に富んだいくつかの議事録がある。強制収容所長アルヂェヴァニーゼ将軍はこう報告している――「収容所は、ポチから義勇軍が出発した結果、目下空っぽとなっております」「この報告を承認すること」が議決された。

数か月後、六〇〇〇名のカザークがガグリの軍事的占領に失敗した後に、そこからクリミアへと同様の条件の下に送還されてきた。ガグリ郡民兵《ミリシア》隊長であるメンシェヴィキのオシーゼとチフリス政府の秘密にあずからせてもらっていない一下級官吏とが、多少とも驚きをこめてその上官に報告している――「われわれは、ガグリにおいてボリシェヴィキを逮捕することを通じてヴランゲリの代表たちに行動の自由を認めた」この二つの重要な出来事は六月と一〇月に起こったが、すでにこの年の初めには、ヂェニーキン軍の抑留兵士の釈放と彼らのバトゥームへの急派は、最高潮に達していたのである。このことは、一九二〇年一月付のチフリスの記録で証明されていた。ヴランゲリの新兵徴募係は公然堂々と活動しつつあったし、戦闘意欲に燃えた白衛軍将校たちが大量にグルジアに殺到していた。彼らはこの地に良く組織された白衛軍機関を見い出し、何らの障害にも遇《あ》わずクリミアへと移送されていった。グルジア政府は、必要な際にはいつでも資金的援助を与えた。

黒海解放委員会（ヂェニーキンに抗する地方農民の蜂起を組織した機関）議長で社会革命党員チャイキンは、グルジア政府宛の公式連絡の中でヂェニーキンの方針を以下のような言葉で評している――「エルヂェリ将軍のグルジアからの自由な進発、ヂェニーキンの新兵徴募係たる将軍たちがクリミアからグルジアに到着した際抑留されなかったこと、そして最後にネヴァドフスキー将軍のポチにおける宣伝と新兵募集運動その他といった事実がまったく疑いようもなく義勇軍（ヂェニーキン軍）に味方するかたちでグルジアの中立性を侵犯しており、さらに義勇軍と交戦状態にある勢力に対する敵対行動となっていることは自ら明らかである」これは一九二〇年四月二三日に、したがって選り抜かれたヴランゲリの追随者たちのポチからクリミアへの大量移送の以前に書かれたものである。九月六日、グルジアのミジヴァーニ将軍はフランス使節団団長に対して、グルジア当局はヂェニーキン軍兵士の移動を妨害しないばかりではなく、「避難者たちに対する一人あたり一〇〇〇ルーブリから一万五〇〇〇ルーブリの割合での財政的援助を含む可能な限り広範囲な援助」をさえ与えつつある、と報告した。グルジアには、全体として二万五〇〇〇から三万のカザークおよび四〇〇〇名内外のヂェニーキンの義勇軍兵士がいた。彼らのうちのかなりの数がクリミアへ移送されたのであった。

グルジアのヴランゲリへの支援は、人員だけにとどまらず、彼に必要な軍需物資を供与することも含まれていた。一九一九年の初めからヴランゲリの敗北のまさにその瞬間に至るまで、グルジアは自己の貯えの中から、石炭、石油、航空用ベンジン、灯油それに潤滑油を彼らに供与したのである。一九二〇年五月のソヴィエト・ロシアとの条約でさえも、こうした行為を中止させはしなかった。そうした行為は、いわゆる《私的個人》というものの手を経て、なおいっそう隠密裡に行なわれたにすぎなかった。七月八日には事実上イギリスの手中にあったバトゥームが、メンシェヴィキ・グルジアへ譲渡された。ところがその後になってさえも、バトゥーム港はヴランゲリの自由使用に委ねられたままであったのだ。

わが代表団は当時これらの出来事のすべてについてきわめて詳細な報告を送っており、その報告は現在われわれの面前にある。（原註）その後バトゥームやチフリスあるいはクリミアで発見された諸記録は、汽船名、積荷の種類それに代理人の名前（たとえば著名なカデットのパラモノーフといった）を挙げたこの報告を完全に確認するものであった。これらの記録のもっとも重要な抜粋はすでに公刊されており、近い将来、さらにその多くが公刊されることになろう。

（原註）例として、われわれは、これらの報告の一つを引用する。七月一四日付――「先週の初め軍需物資を積んだ以下の船舶がクリミアへ向けて出航した。すなわち『ヴォズロシヂェニエ』号、『ドネツ』号それに『キエフ』号。七日には、弾薬および自動車を積んだ『マルガリータ』号、弾薬筒を積んだ『ジャールキー』号それに潜水艦『ウートカ』が出港した。これらの船舶にはドラツェンコ将軍に率いられた二〇〇〇名を越える義勇兵と義勇軍公式代表者たちが乗船していた等々」

人は以上述べたことに対して、グルジアは自分自身の軍隊を用いてヴランゲリを助けたのではないではないか、と反論しようと努めるかもしれない。だが、純然たるメンシェヴィキの人民親衛隊が数においてきわめて不十分であり、公的秩序すらかろうじて維持できるかどうかという状態にあったことを考えると、いずれにせよ、彼らの軍隊はそうしたことをしたくてもできなかったであろう。人民親衛隊について言えば、その劣悪に編制された各部隊が政治的にあてにならず、また戦闘意欲に欠けていたがために、最後の最後まで虚構の部隊であるにとどまった。こうした理由によりメンシェヴィキ政府は、後に見るように、自己の防衛のためには為しえたことを、つまり戦場に武装勢力を投入することを、ヴランゲリのためにはしなかった。しかしながら明らかにグルジアは、自己にできるかぎりのことはすべてヴランゲリのためにしてやったのであった。掛値なしに、メンシェヴィキ・グルジアがヴランゲリ軍を創りあげた、と言ってもさしつかえなかろう。グルジアからクリミアへと移送された、これら三万名の選り抜かれた将校、下士官、好戦的カザークたちは、背水の陣を敷き、勇戦した後に死んでいった。彼らなしには、ヴランゲリは夏には早くもクリミアから撤退することを余儀なくされていたことだろう。彼らを得て彼はその年の終わりまで頑強な戦闘を続行し、時としてわれわれに手酷い打撃を与えたのである。ヴランゲリの掃討は、多大の犠牲を必要とした。労働者・農民青年の一体幾千人が狭いペレコープ地峡から突き出した広大な扇形の戦場に倒れていったことだろうか？　もしもグルジアが存在しなかったならば、ヴランゲリ軍も存在しなかったであろう。ヴランゲリが存在しなかったならば、おそらくポーランドは戦端を開こうとしなかったであろうし、たとえもしそうしたところで、われわれはわが軍を二つに割らねばならぬ破目には陥らずにすんだであろうし、それにまたリガ条約[56]も異なった様相を帯びたことであろう。いづれにせよ、そこで何百万というウクライナおよび白ロシアの農民たちをポーランドの地主に差し出すことはなかったに違いない。

　グルジア・メンシェヴィキにとってクリミアは西方の帝国主義者——東方の狂信者に抗して——との連結環であった。この環のためにわれわれは何千という生命を失った。実にその代価でもってジョルダニアの政府は己れの共和国の独立の法的承認を購ったのである。われわれは、彼らがそんな見かけ倒しの紛物《まがいもの》にあまりに高すぎる値段をつけすぎた、と思っている。一九二〇年を通じて、南西部にその顔を向けたソヴィエト連邦は、右の拳で西の主敵ブルジョワ的ポーランドを叩き、その左の拳で南のヴランゲリを叩きつつあった。これまで述べてきた事柄を十分に了解するとすれば、ソヴィエト・ロシアがグルジアの頭たるメンシェヴィキを放逐したことは正当化されるのではなかろうか？　それは革命的自己防衛という正当な行為ではなかったのか？　民族自決の権利は、野放しにされたまま悪事を行なう権利と同等に置かれるものなのか？　よしんば一九二〇年にソヴィエト・ロシアがメンシェヴィキ・グルジアに打撃を加えるのを差し控えたにしても、それはソヴィエト・ロシアが悪意に満ちた、不倶載天の、二心ある仇敵を叩く自己の《権利》について何か疑問を抱いたからではなく、政治的判断に依ったからである。われわれには、国境沿いの諸国をわれわれに敵対する戦争に引き込もうとやっきになっているミルランやチャーチルやピルスーツキーの仕事をやり易くしてやるつもりはなかった。反対にわれわれは、そうした連中に、一定の条件の下では彼らがソヴィエト共和国と平和的に共存できるのだということを示そうと努めていたのだ。愚鈍な小ブルジョワジーに統治された群小共和国を味方とするために、この数週間一度ならず法外な譲歩をし、大いなる寛大さを示す用意がわれわれにはあった。最近の一例をとっても、フィンランド・ブルジョワジーのカレリアでの冒険的行動はわれわれにフィンランドへ武力侵入する完全な権利を与えたのではなかったろうか？　われわれがそうしなかったとすれば、それはわれわれがそうするための完全な権利を有していなかったからではなく、われわれの政策の性格そのものからして、われわれは他にとる途がない場合にかぎってのみ武力に訴えることにしているからである。

第六章　終　幕

一九二〇年を通じてヴランゲリに人員と軍需物資を供給する一方、グルジアは同時にさまざまなロシアの、とくにカフカースの白衛軍諸集団のための陰謀の中心地となっていた。それは、ペトリューラ、ウクライナ、クバーン、ダゲスターンそれに反革命的山岳民族相互間の仲介者として奉仕していた。その敗北の後、これらの連中はすべてメンシェヴィキの下へ避難して来、そこに彼らの作戦を遂行するための参謀本部を設置した。彼らは、グルジアからその反革命軍諸師団を以下のような経路をたどってロシア・ソヴィエト共和国の領土へ差し向けた――（一）スフーム＝カーレーマルーフ峠から次いでクバーン上流部およびレバ河へ。（二）スフーム＝カーレーガクリーアドラーアイシハ経由でクラースナヤ・ポリャーナ＝レバ河上流地域。（三）クタイスーオニーナリチーク。

彼らは多かれ少なかれ秘密裡に行動したが、それは一定程度の外交的礼節を維持するのに必要な範囲にかぎってのことだった。ところが彼らの全行動は、グルジア特別部隊には最大漏らさずに通知されていたのである。一白衛軍中尉は一九二〇年一一月一二日に特別部隊に書き送っている――「小官のグルジアにおける存在は、小官の任務がいっそう多大なる秘密性を保って遂行されるであろうが故に、ソヴィエト代表団との関係においていかなる悶着をも絶対に惹き起こさないでありましょう。もしも小官の信頼度につきまして何らかの保証人が必要とされるようでしたら、十分な数のグルジアの名士たちが喜んで出頭してくれることでしょう」　この記録文書は、共産主義インターナショナルによって任命された委員会の手でとくにメンシェヴィキ関係の記録の中から発見されたものである。この白衛軍の秘密組織は、協商国使節団、とりわけその情報部と密接に関係していた。万一このことについてヘンダーソンが何か疑義を抱くとすれば、彼はイギリス情報部の記録文書の中に十分な報告を見い出すことができよう。われわれは、彼の愛国心をめぐる名声がこの至聖所への「開けごま」〔魔術的通行券〕となるよう、切に希望するものである。

当時バトゥームは、協商国およびその従僕たちの密計と陰謀のためのもっとも重要な中心地であった。一九二〇年七月、大英帝国はバトゥームをメンシェヴィキ・グルジアへ譲渡した、がメンシェヴィキ・グルジアは直ちに自分がアジァリア人住民の心を掴まえるためには大砲の助けを借りざるをえない立場にあることに気づいた。イギリス軍部隊は、まず自己の海軍防備施設をとり壊した後でバトゥームを撤退することによって、ヴランゲリに関するかぎり自分たちがグルジアの善意を完全に信頼していることを証明した。

ヴランゲリ軍の全滅は徹底的な変化をもたらした、というのは、協商国の将軍や外交官連は、グルジアおよびヴランゲリとソヴィエト共和国との関係の真の性格を熟知していたので、ヴランゲリの一掃によってグルジア・メンシェヴィキが投げこまれた絶望的な立場に関して疑いをはさむ余地を持ちえなかったからである。

むろんまたグルジア人たち自身も沈黙を守っていたわけではなく、「身元引受人」を必要としていたのだ、と当然考えてさしつかえない。イギリスの支配層は、《租借》、《自由港》あるいはそれに類したことを口実に――そうなれば外交官は押込み強盗と同じくらい多くの合鍵をそれについて持つことになる――バトゥームを再占領するという問題を提起していた。グルジアの有力な新聞は、この「再」占領を警戒心よりもむしろむき出しの満足感をもって報じた。われわれに敵対する新たな戦線を形成する計画が練りあげられているのは自明のこととなっており、われわれは、われわれがイギリスによるバトゥームの〔再〕占領を戦争行為と見做す旨、宣言したのであった。

その頃、独立グルジアの命運が、世評に高い弱き者の麗しき保護者《プロテクトリス》、ミルラン氏のフランスの関心を呼び醒し始めた。「ザカフカース高等弁務官」アベール・シュヴァリエ氏は着任早々、以下のような電報をグルジア電報局を通じて打電した――「フランスはグルジアに対して心からなる親愛の情を抱いており、本職はこのことを広く宣言することを得て大いに喜ぶものであります。フランスの利害は絶対的にグルジアの利害と同一なのであり……」　食糧封鎖をもってロシアを包囲し、多数の帝政派将軍たちをロシアに刃向うべく解き放っているフランスの利害は、民主的グルジアの利害と「絶対的に同一」なのだった。なるほど、グルジア人に対するフランス人の熱烈なる愛情についての二言三言の情緒的でどちらかといえば無邪気なお喋りに続いて、第三共和国に似つかわしい代表としてシュヴァリエ氏は、「現在、全世界の列強が原料と製品とを渇望しており、しかもグルジアは東洋と西洋との間の重要な、天然の交通路となっている」ことを説明していた。言い換えれば、ミルラン氏の感傷的な友人たちは、愛情の故にというよりもバクーの石油の匂いの故にグルジア人に魅せられていたのであった。シュヴァリエのすぐ後を追うようにして、フランスの提督デュメスニルがグルジアに到着した。この海の男は、ノア・ジョルダニアの同国人に対する熱情の表現においてかの陸上勤務の外交官に勝るとも劣らないものだった。同時にこの提督は、フランスが「他国民の財産の強奪に賛成しない」以上（いったい誰がそれを考えたというのか?）、彼デュメスニルが「独立」グルジアの領土に留まるかぎり、ソヴィエト政権が当時グルジアの港内にあったロシアの船舶を強奪することを認めるつもりはなく、それらの船舶をヴランゲリとその後継者たちのため使用させる予定である、と言明したのである。正義の途とは、まことに不可解にして迂遠なものであることよ！

フランス民主主義の代表とグルジア民主主義者との協力関係は、広範囲にわたるものとなった。フランスの水雷艇「サーキアル」はロシアの帆船「ゼイナブ」号を砲撃、炎上させた。フランス情報部は、グルジア特別部隊の機関と協力して、ソヴィエト外交部の特使を襲い、彼に略奪を働いた。フランスの水雷艇は、グルジアの港に停船していたロシアの汽船「プリンツィプ」号がコンスタンチノープルへ移動するのを遮断した。隣接するソヴィエト共和国領土内での蜂起の組織化は、精力的に実行された。グルジアからロシアへの武器の搬入は、巨大な規模に増大した。その当時までにはすでにソヴィエト共和国となっていたアルメニアへの食糧封鎖は続けられていたが、バトゥームは未占領のままであった。おそらく当時、ロイド・ジョージは新たな戦線を形成するという考えを放棄してしまっていたのかもしれないし、さらにはまた、グルジアに対するフランスの熱情がイギリスにそうした気持ちを表面に出すのを控えさせたのかもしれない。バトゥームに関するわれわれの宣言も、効果なきにしもあらずというわけだった。協商国は、グルジアの過去の数々の尽力に対して、束の間の法的承認をもって報いた後、ぎりぎりの瞬間になってメンシェヴィキ・グルジアという絶望的な根拠地を一切見限ることに決めたのである。

グルジア・メンシェヴィキがわれわれに対して無慈悲な闘争を行なった結果、彼らは、一九二〇年の春にあってすらも、われわれの軍隊がヂェニーキンを撃破した後にチフリス、バトゥームへ向けて進撃し、メンシェヴィキ民主主義を海中へ一掃するだろう、と信じて疑わなかったのだ。われわれの側としては、グルジアにおけるソヴィエト革命にはいかなる重要な革命的成果をも期待していなかったが故に、もしもメンシェヴィキ《民主主義》がロシア反革命派およびヨーロッパ帝国主義に対する統一戦線を形成するならば、彼らを事実上許容してゆくつもりであった。

ところが、他ならぬこうした政治的判断に基礎づけられた和解精神が、チフリスでは、われわれの弱さであると解釈されたのである。チフリスにいるわれわれの友人たちは、支配者たるメンシェヴィキが当初からわれわれの平和的な態度が持つ意図を頑なまでに理解しようとはしない、と書き送ってきた。彼らメンシェヴィキは、われわれが平和裡にグルジアを占領することになろう、というふうに完全に理解していたのだ。すぐさま彼らは、グルジアのわれわれとの平和的関係はわれわれに対する何らかの妥協へ向けた予備的行動に他ならないと大英帝国が強く主張している、という奇妙な釈明を持ち出してきた。おそらくはそのとおりであるが故に、彼ら固有の神経過敏症は高慢さへと転じ、急に挑発的行為が次から次へと連続して起こることとなった。ポーランド戦線におけるわれわれの軍事的失敗と対ヴランゲリ戦線でのわれわれの苦戦の時期を通じて、グルジアはきわめて公然とわが敵の隊列に加わった。いかなる広い政治的・革命的見識も展望も欠いたこのあわれな小ブルジョワ民主主義は、ある日ホーエンツォレルン家に媚びたかと思うと、次の日にはいそいそとウィルソンの前に出かけて四つんばいになり、ヴランゲリを支援していたかと思えば、都合のよい時にすぐさま彼を見捨てて、欺せるかもしれないと希いつつソヴィエト・ロシアと協定を結ぶ――この卑怯きわまる《メンシェヴィキ民主主義》は、絶望的な混乱に自ら陥り、われとわが運命を定めてしまったのである。

すでに述べたように、われわれは、そうしても完全に正当であると認められたであろうが、メンシェヴィキ・グルジアの軍事的掃討を政治的得策とは考えなかった。もちろんわれわれは、もしもわれわれがメンシェヴィキ政治屋たちの感情を傷つけようものなら、彼らが民主主義文明の持つありとあらゆる言葉でもって非難の金切り声をあげるだろう、ということを知っていた。というのも彼らは、グルジア・メンシェヴィキの友好的中立と現実的協力とに支援されたヂェニーキンの配下に何百何千となく殺戮され、文句もいわず、ヨーロッパから称えられることもなく倒れていったロストフ、ノヴォチェルカッスクあるいはエカチェリノダールの労働者たちとは、わけが違うというわけだ。

そのすべてが知識人、ヨーロッパ各地の大学の元学生そしてルノーデル、ヴァンデルヴェルデ、カウツキー等の親切な接待係《ホスト》であるグルジア・メンシェヴィキの政治家たちが、社会民主主義、自由主義それに反動勢力のすべての機関の心痛の種となるに違いない、といったことはそもそも最初から明らかではなかったのか？　帝国主義の屠殺者を支持することでわが身を恥かしめたすべての政治家たち、公認社会主義のよぼよぼの変節漢たちが、その傷ついたグルジアの兄弟の泣き言に対して、どれほど彼らが正義の声に耳を傾ける用意があるかを示すために、また彼らの民主主義の理想に対する献身ぶりを示すために、――ましてや自分が何も損することなくそうできるとあればなおさらのことであるが――悲憤慷慨の叫び声をあげて応えるであろう、といったことは完全に明らかではなかったのか？　われわれは彼らのことを十分に知悉していたので、感傷的なトレモロで歌いあげた表現で埋めつくされる諸々の決議、宣言、声明、訴え、覚書、記事それに演説のためのそうした絶好機を彼らが黙って見逃すようなことはしないということをとうの昔に承知していた。このことだけのためにさえ、つまり国際的《民主主義》のヒステリーにどのような機会をも与えたくないという願いだけから、われわれは反革命的メンシェヴィキ指導者たちをそのグルジアの隠れ家で厳しい孤立状態に置いたままにしておくつもりだったのである。

たとえわれわれが他にもっと重要な理由をもっていなかったとしても、われわれはそのように行動したであろう。われわれは協定が成立することを望んでいたのだ。われわれは、メンシェヴィキに対してヂェニーキンに対抗する共同行動を提案したが、彼らはこの提案を拒絶した。われわれは彼らと協定を結んだ、がこれは協商国の保護政治に比べて彼らの独立を犯すことのはるかに少ないものであった。われわれはこの協定の実行を強く主張し、また長い一連の覚書や抗議文書をもってグルジア・メンシェヴィキの敵対的態度を非難した。われわれは、グルジア労働者大衆の圧力を通じて、グルジアをソヴィエト連邦と資本主義的西洋との間にあってわれわれのために有効な仲介の労をとってくれる隣人として獲得すべく努力していたのである。以上がグルジアとの関係についてのわれわれの政治的立場であった。ところが、メンシェヴィキにはもはやいかなる戻り道もなかったのだ。われわれのメンシェヴィキ政府との関係についての証拠資料を調べながら、私はわれわれの忍耐強さに一度ならず驚嘆すると同時に、偽造と虚言――それによると、グルジアにおける不可避的なソヴィエト革命は、不意討ちのいわれなき軍事的攻撃、ソヴィエトという狼によるメンシェヴィズムという無辜の赤頭巾に対する襲撃であると称されていた――とに充ちた巨大なブルジョワ機構に賛成を呈さざるを得なかった。ああ！　諸君ら株式取引所の詩人たち、外交上の空想家たち、大新聞の神話作家たちよ――諸君は親玉にへつらう見下げはてた輩であることよ！

カウツキーは、彼一流の洞察力をもって、グルジアにおけるボリシェヴィキ革命の極悪非道なるからくりを次のように暴露した——蜂起は、チフリスで開始されたわけではなく、また労働者大衆の中から起こったというわけでもなかった。それは国の国境において、ソヴィエト軍部隊に接近したところで起こったのである。それは周辺部から中心部へと発展した。このことは、メンシェヴィキ体制が外部からの軍事的暴力の犠牲となったことの決定的証拠ではなかったろうか？　そうした推論は、新任の治安判事を信用させることはできても、歴史的事象の説明とはならない。

ソヴィエト革命は、当初ペトログラードおよびモスクワの両中心地から旧ツァーリ帝国の隅々へと拡がっていった。その時分には、革命は軍隊をもっていなかった。その草分けは急遽武装した労働者部隊であり、彼らは、いかなる妨害にあうこともなくもっとも遅れた諸地方へ入ってゆき、労働者大衆の共感と支持を得てソヴィエト権力を樹立した。たとえば、ドンとかクバーンのようにブルジョワや地主が中心部を握っている地方においては、革命はしばしば両首都から派遣された煽動家や戦士たちとの協力のもとに、周辺部から中心部へと前進した。

しかしながら、反革命は外部の援助を得て、ドンで、クバーンで、カフカースで、ヴォルガ流域で、シベリアで、白海で、そしてウクライナにおいてさえも起こったように、後進的色合いの強い国境沿い諸地方の奪回に成功し、そこに強固に定着した。革命軍と反革命軍とは、同時的に建設されつつあった。ソヴィエト革命の外延という問題は、正規軍戦と軍事作戦とを通じて決定されることとなった。軍隊は《外部》

＊　＊　＊

から導入されたのではなく、旧ツァーリ帝国の全土を通じて生死を賭した闘争を行ないつつあった諸階級によって創りあげられたのである。このことはつまり、革命的階級闘争が自己を正規の軍事作戦行動の中で表現しはじめた、ということである。なるほど反革命が大部分において外部の軍隊に支援されていたのは事実である。けれどもこの事実は、われわれの推論をなおいっそう説得力のあるものにする。ペトログラード、モスクワ、イヴァノヴォ＝ヴォズネセンスク、ドネツ盆地それにウラル山脈がなければ、革命もまた存在しなかったであろう。ドン州それ自体だけではソヴィエト権力が樹立されることは決してなかったであろう。同様にモスクワ県の村落においてもソヴィエト権力が樹立されることもなかったであろう。だが、モスクワの村落とクバーンのカザーク村それにヴォルガのステーピ地帯は常に一つの国家、一つの経済的統一体を形成してきたので、それらは一体となりまっ先に革命の渦巻にひき込まれ、都市と工業プロレタリアートとの革命的指導権がそのすべての頭上に樹立されたのである。革命の拡大と勝利は、全国における国民投票によって保障されたのではなく、全国におよぶプロレタリア前衛の争う余地のないヘゲモニーによって保障されたのである。西部の国境地方のいくつかは、外部の武力の援助を得て、この革命の渦巻から一時的に逃がれることだけでなく、相当な期間にわたってブルジョワ体制を維持することに成功した。フィンランド、エストニア、ラトヴィア、リトアニアの各《民主主義》さらにはポーランドのそれさえも、その存在を、彼らの誕生の決定的瞬間に外国軍隊がブルジョワジーを支援しプロレタリアートを弾圧してくれたという事実に負っているのである。

　革命諸勢力の相互関係と協力とが外部から導入されていた軍事力による最良のプロレタリア分子たちの大虐殺、投獄および追放によって阻止されたのは、他ならぬそういった資木主義的西洋に隣接した国々においてなのだ。これらの国々においてブルジョワ的基盤にのっかった民主主義の一時的な安定が確立されたのは、ひとえにこうした方法を用いてのことなのである。ちなみに、第二インターナショナルの義をもって鳴る諸氏が次のような政綱――外部勢力の援助を得て編制されたブルジョワ軍隊のフィンランド、エストニア、ラトヴィア等々からの撤退。（殺された者を生きかえらせることは不可能である以上は）逮捕された者全員の釈放および追放された者全員の帰国。国民投票――を提出してはいけないという理由が何かあるとでもいうのだろうか？　ザカフカースにおける局面は異なっていた。そこではそれは、カザーク・ヴァンデ〔仏革命時の反革命拠点〕によって革命の中心から切り離されていたのである。ソヴィエト・ロシアが存在していなかったとしたら、ザカフカースの小ブルジョワ的民主主義はたちまちにしてチェニーキンの手で粉砕されてしまったことだろう。ドンおよびクバーンの白衛軍が存在していなかったとしたら、それは直ちにソヴィエト革命の中に雲散霧消してしまったことだろう。というのも、それはロシアにおける熾烈な内戦とザカフカース自体における外国の軍事的援助とのおかげで生き長らえていたからである。内戦がソヴィエト共和国の勝利によって終結するや否や、ザカフカースにおける小ブルジョワ的体制の転覆は不可避的なものとなった。

一九一八年二月には早くもジョルダニアは、ボリシェヴィキ的精神が都市住民ばかりか農村住民をも、さらにはメンシェヴィキ派労働者たちさえをも掴んでしまったと不平をこぼしていた。グルジアでは、間断なく農民蜂起が起きていた。ソヴィエト・ロシアにおいては一九一八年五月のチェコスロバキア人、社会革命党それにメンシェヴィキの叛乱に至るまで合法的なメンシェヴィキの諸新聞は干渉されることがなかったのに対して、グルジアでは早くも二月の初めには共産党は非合法下に追い込まれていた。ソヴィエト・ロシアが完全に切断されていたという事実、入れかわり立ちかわり現われる外国軍がザカフカースの労働者たちにテロルをふるっていたという事実にもかかわらず、グルジアにおける赤色蜂起の方がソヴィエト領土における白色叛乱を数において凌駕していた。鎮圧は、ロシア・ソヴィエト政府よりもグルジア政府の方がはるかに徹底的に実行したのであった。

ヂェニーキンに対するわれわれの勝利——それは同時に全能なる協商国に対する勝利でもあった——は、ザカフカースの大衆に巨大な影響を与えた。ソヴィエト軍のアゼルバイジャンおよびグルジア国境への接近にともなって、ロシアの勤労大衆に止むことのない共感を抱いてきたこれらの共和国の勤労大衆は、革命の波に呑みこまれていった。おそらく彼らの感情は、われわれのワルシャワ進撃および赤軍左翼のドイツ国境への接近に際して東プロシアの大衆やドイツ人の大部分をとらえたあの感情にたとえられよう。しかしながらドイツでそれがほんの一時的なものに終わったのに反して、協商国の見守る中でのヂェニーキン軍の全滅は決定的なものであり、アゼルバイジャン、アルメニアそれにグルジアの勤労大衆に、彼らの北に接するソヴィエト政府はこののち強固に確立されるという確信を吹きこむこととなったのである。

アゼルバイジャンでは、ソヴィエト革命は、共和国国境地方へのわが軍の接近にともなってほとんど自動的に生起した。支配者たるブルジョワ＝地主的《ムサヴァト》党は、グルジア・メンシェヴィキのような伝統も勢力も持っていなかった。バクー——それはグルジアにおけるチフリスよりもはるかに重要な役割をアゼルバイジャンでは占めている——は、昔からのボリシェヴィズムの牙城であった。《ムサヴァチスト》は、ボリシェヴィキの手に権力を置き去りにしたまま、戦うことなく遁走してしまった。アルメニアの《ダシナキ》（アルメニアの党に相当する）の演じた役割がこれより立派であったとは言い難い。グルジアでは、事態はより整然とした形で進行した。抑えつけられていたボリシェヴィキ的傾向が、自己主張しはじめた。組織としての共産党は急速に成長し、さらにそれを上回る速度で勤労大衆の共感を自己に引きつけていったのである。グルジア社会連邦主義者の新聞「サカルトヴェロ」は一九二〇年一二月七日付で以下のような記事を載せていた――「こんにちのグルジアにおける共産主義者の力は数か月以前の状態とはまったく異なったものとなっている。当時はグルジアの近辺にボリシェヴィキは存在せず、われわれは民族主義者の独立共和国にとり囲まれていた。われわれの経済的・財政的立場は、現在に比較してはるかに良いものであった。しかしながら、こんにちわれわれは異なった光景に接しており、その間の変化はことごとくボリシェヴィキに有利なものとなっている。いまやボリシェヴィキはグルジアに党組織を有し、若干の労働者階級のサークル、たとえば印刷工組合などでは、彼らは多数派となっている。総じて、ボリシェヴィキの活動は広範囲にわたるものとなりつつある。われわれは内にボリシェヴィキ勢力の伸長を目撃し、外に彼らの全き支配を見ている。グルジアの現状とはそうしたものなのである」

現実を反映した敵の新聞のこれらの愚痴はわれわれにとってきわめて重要なものとなっている、というのは、これらは、共産主義者に対する《完全なる自由》ばかりでなく彼らの完全なる無力さをも証言し、自らこのことに依拠してグルジアにおけるソヴィエト革命を外部からの暴力の結果であると主張したカウツキーを、無条件に論駁するものだからである。と同時に、民族主義者の新聞の「内に――ボリシェヴィキ勢力の伸長、外に――彼らの全き支配」という記事は、切迫しつつあるソヴィエト革命を鮮やかに表現するものとなっている。彼らの立場の絶望的状態は、グルジア・メンシェヴィキを公然たる反動の道へと追いやった。ジョルダニア政府による粗野で挑発的な反チェニーキン同盟の拒否は、大衆に対するメンシェヴィキの立場をすでにぐらつかせていた。ソヴィエト・ロシアとの協定のたび重なる違反――もちろんわれわれはそれを能うかぎり公表してきた――も、同じような結果をもたらしたのである。残された旧ツァーリ帝国の南東部においてソヴィエト権力が勝利した後には独立的存在が不可能となることを悟るや、メンシェヴィキはヴランゲリを助け、協商国の軍事的協力をとりつけようと絶望的な企てを行なった。虚しいかな！　クリミア作戦はヴランゲリの運命ばかりかメンシェヴィキ・グルジアの運命をも等しく決するものとなったからである。

わがカフカース軍は、ヴランゲリがクバーンを急襲し、バトゥーム占領の噂が繰り返しささやかれていた一九二〇年の秋に、若干の増援部隊を受けとった。わが兵力の集中は、純粋に防御的性格を帯びたものだった。ヴランゲリの一掃とポーランドとの停戦はグルジアにおいてソヴィエト論の復活をもたらしはしたが、国境地方にある赤軍諸連隊の存在に、ソヴィエト革命に際しての外国の干渉に対する予防措置以外のなにものでもなかったのである。赤軍諸部隊は、グルジア・メンシェヴィキの打倒ではなく、ソヴィエト革命に対してイギリス、フランスあるいはヴランゲリがコンスタンチノープルから襲来する可能性を封じるよう命ぜられていたのだった。メンシェヴィキ自身は、その護衛隊的人民親衛と有名無実の国軍とでもって、ほんのかすかな抵抗しかなしえなかった。二月半ばに開始されたソヴィエト革命は三月半ば近くには、この国の全土ですでに完遂されていた。

われわれには、カフカースにおけるソヴィエトの勝利に際してソヴィエト軍が果した役割を隠しだてしたり、軽んじたりする必要はない。一九二一年の二月には、ソヴィエト軍は革命に対して大きな助力を与えたのである。もっともそれは、三年間にわたってメンシェヴィギがロシア白衛軍はいうにおよばず、トルコ軍、ドイツ軍さらにはイギリス軍から得たものほど大きなものではなかったのであるが。蜂起を指導した革命委員会が、その行動をメンシェヴィキ人民親衛隊の中心地チフリスからでなく、赤軍の支援を背後に得て国境地帯から開始したという事実は、この革命委員会がカウツキーのものとは確かに言い難い政治的意識を保持していたことの証左以外のなにものでもないのである。カウツキーは、グルジア革命に対しておそまきながらまったく別個の戦略を伝授しようとやっきになっている。はばかりながら、われわれは、そうした垂訓を受けいれることはできない。われわれは如何にしてわれわれの敵を打ち破るかを学びかつ教えたいと願っているの反して、第二インターナショナルの使徒諸君は、打ち破られるための技術《アート》を提出しているのである。

起こったところのことどもは、長期間にわたる準備の結果であった。それは、事物の有無を言わせぬ力によって、起こるべくして起こったのだ。グルジアとソヴィエト・ロシアとの交渉史は、ロシアの封鎖、軍事干渉、フランスの富、イギリスの船舶、そして労働者階級の最良の分子たちがそこでわが身を犠牲にささげていった四つの戦線——これらについての書物の中の一章にすぎない。だが、この章はその書物から削除されることがあってはならないものなのだ。こんにち、敗北したメンシェヴィキの内戦指揮官たちによって語られているようなグルジアは、決して存在したことはなかった。未だかつて、民主的、平和愛好的、独立的もしくは中立的グルジアなどと称するものは、一度も存在したことなどなかったのである。ロシア全土に及ぶ階級闘争の中でグルジアという砦は実在した。その砦はこんにちでは、勝利せるプロレタリアートの掌中にある。

グルジアのメンシェヴィキ指導者たちは、彼らが何万人もの赤軍兵士や何千人もの共産主義者たちを殺戮し、凍死させ、絞首した（さらには、それを癒すのに何年もかかるような傷をわれわれに負わせた）後になって、われわれが損失と犠牲にもかかわらず闘争場から勝利の栄光をになって立ち現われた後になって、しかもグルジアの労働者たちが彼らをバトゥーム港にたたき込んだ後になって、勝負に敗けたと考えねばならないのはわれわれなのであるから、最初からもう一度勝負し直そう、と要求している。ロシア人、トルコ人、プロシア人さらにはイギリス人将校たちによって汚された彼らの民主主義的純潔は、マクドナルド、カウツキー、スノーデン夫人それに第二インターナショナルの他の博学なる産科医や産婆たちの手で、とり戻されるべきだというのだ。その結果、この世でもっとも民主的で自由で中立的な国、メンシェヴィキ・グルジアは、イギリス艦隊の庇護の下に、イギリスの石油王たちやイタリアのマンガン商人たちからの援助資金、「ザ・タイムス」紙の認可、さらには新たなローマ法皇の祝福さえも得て、あらん限りの栄光に包まれ甦ることであろう。

第七章　政治的類型としてのグルジア・ジロンド

グルジアは、ロシア・メンシェヴィズムの歴史にあってもっとも重要な役割を演じた。メンシェヴィズムが後進的、前資本主義的人間からなるインテリゲンチャの要求に応じたもっとも効果的で明白なマルクス主義の修正物と化したのは、グルジアにおいてであった。工業の不在は、土着ブルジョワジーの不在を意味していた。商業資本は、主としてアルメニア人の手中に握られていた。精神的文化は、そのほとんどが小地主であるインテリゲンチャによって担われていた。人びとの生活にようやく滲透しはじめていた資本主義は、いかなる新たな文化をも未だ創りあげてはいなかったが、グルジアの貴族たちに自己のぶどう園や山羊番によっては満足させられることのない新たな欲求を既に生じさせていた。ロシアの官僚気質とツァーリズムに対する不満は、アルメニア人商人や高利貸に体現された資本主義に対する憤りと結びついたものになっていた。未来についての懸念と出口の模索とは、貴族や小ブルジョワ・インテリゲンチャの若い世代を民主主義の理念に感じやすい存在とし、彼らに労苦する大衆からの支持を切望させることとなった。しかしながら当時――前世紀の末近く――にあっては、旧来のジャコバン派あるいはマンチェスター自由主義派《リベラル》型(57)の政治的民主主義の綱領は、歴史的発展の推移によってとっくの昔に怪しげなものとされてしまっており、ヨーロッパの被抑圧大衆の意識に対する自己の支配力を様々な社会主義的潮流へと明け渡してしまっていたが、それらもやがて時が来てマルクス主義へと道を譲ったのであった。都市および農村部の新興世代のもつ、資本主義への妬みと憎悪に染めあげられた、いっそう自由な文学的・政治的活動その他に対する渇望、すなわち職工や数少ない工業労働者たちの間における最初の運動開始宣言や奴隷状態に追い込まれた農民たちの抑えつけられた不満——これらすべてが、資本主義的発展の不可避性を認めるよう繰り返し説き、同時にずっと以前に西洋では信ずるに足りぬこととされてしまった政治的民主主義の理念をこと改めて是認し、民主主義の本来的な、当然の帰結としての勤労階級の支配を遙か彼方のおぼろげな未来に夢想するメンシェヴィキ版マルクス主義に、自己の表現を見い出していったのである。

血筋においては小貴族、生活様式および心理的構造においては小ブルジョワであるグルジア・メンシェヴィキの指導者たちは、偽マルクス主義者の旅券を懐中に入れてその革命家としての政治経歴を開始した。南国特有の情緒性と融通のきく多芸多才ぶりとは、彼らを学生運動や民主運動全般の指導者へと祭り上げた——投獄、追放それに帝国議会《ドゥーマ》の演壇は彼らの政治的権威を増大させ、グルジアにおいてメンシェヴィズムに対する確固たる伝統を定着させたのであった。

メンシェヴィズムの生気に乏しい小ブルジョワ的性格は、とりわけグルジア分派のそれは、革命の波が巨大なうねりへと高まり、国内的・国際的諸問題がさらに一段と複雑な様相を呈してくるにつれて、ますます明瞭なものとなっていった。政治的怯懦はメンシェヴィズムの非常に重要な特徴であり、しかも革命は怯懦を許容しはしない。大事件が次々に起こってゆくような時期にあっては、メンシェヴィキはきわめて痛ましい姿をとって現われる。

人はこうしたメンシェヴィキの特性の中に大ブルジョワを前にした時の小ブルジョワの、軍の将軍連を前にした時の民間知識人の、《真の》外交官を前にした時の下っ端代理人の、フランス人やイギリス人を前にした時の敏感で自惚れの強い田舎者の、社会的な畏怖心を認めることだろう。資本家階級の権威を帯びた代表者たちの前で畏縮して媚びへつらう彼らの怯懦は、労働者に向かう時の彼らの尊大な恩きせがましさと対をなしているのだ。ソヴィエト・ロシアに対するツェレチェリの憎悪は、自己の手中に権力を奪取するという労働者の大胆な企て——そうしたことは、どう見積ってもそれについての大資本家のお許しを得た後、彼のような教育のある中産階級の人間の手ではじめて解決されるべきことなのだった——に対する憤り以外のなにものでもなかったのである。

チヘンケリあるいはゲゲチコーリがボリシェヴィズムについて語る際には、彼らはその形容詞をチフリスばかりか全ヨーロッパ中の粗野で口汚い魚売り女たちからかき集める。彼らが帝政派のアレクセーエフ将軍、ドイツのフォン・クレス将軍あるいはイギリスのウォーカー将軍と共に《会談する》際には、スイス人給仕長の格調の高さを維持しようと最善を尽くす。彼らは、とくに将軍たちを恐れているのだ。彼らは将軍たちに、グルジア社会主義は他の多様な社会主義とまるっきり異なり、後者が破壊と無秩序とを引き起こすのに反して彼らの社会主義は秩序を保障するものである、ということを辞を低くして説き、納得させようと骨を折り、丁寧に釈明するのである。政治的な経験は、中産階級をひときわシニカルな存在としたが、彼らに何らの教訓を与えることもなかった。

前の方の章で、われわれはヂュゲリの日記をひも解き、わが身のことを自ら記述した一人の《勇敢なる》メンシェヴィキを目のあたりにした。彼はオセチアの村々を焼き払い、不良学生よろしく、その日記に得意満面になってその大火災の美しさや彼のネロへの親近感を書き記している。この忌わしい山師は、内戦の現実や敵への対抗上やむをえず採った厳しい手段を揉み消すことをしないボリシェヴィキを、明らかに念頭においていたのだ。革命的暴力というこの卒直で大胆な政策の背後には、農民の村落を焼き払いながら、ローマの玉座に坐った変質者との類似点をたしかめようと鏡に見入っている《民主的》地方総督の放縦きわまるシニシズムとは何らの共通点もない、歴史が自分たちを義としてくれるだろうという意識と革命的使命とが脈うっていることは、ヂュゲリやその師には絶対に理解できないのである。

ヂュゲリは例外なのではない、このことは、他ならぬ彼の著書へのお世辞だらけの序文が前内務大臣ゲゲチコーリによって書かれたという事実からもっとも良く説明される。内務大臣をジョルダニアから引き継いだラミシヴィリは、マルクスを典拠として引用し、見かけだけは厳かに無慈悲なテロルを行使する民主主義の権利を宣言した。ネロからマルクスまでとは！　これら地方ブルジョワの変り身の早い擬態と浅薄なまったくの猿真似とは、彼らの無知と無気力を声高に証拠だてるものである。

《独立》グルジアの救い難さがメンシェヴィキ自身にさえもますます判然としたものになり、加うるにドイツの敗北の結果、協商国の庇護を求めざるをえなくなってくると、彼らはいっそう用心深くその特別部隊という道具を隠蔽し、見かけだけのヂュゲリ＝ネロの仮面の代わりに、これまた劣らず見かけだけのジョルダニア＝ツェレチェリ＝グラッドストーン(58)の仮面をかぶり、かくして偉大なる自由主義的常套文句の使者とお付合いすることとなった。

マルクス主義の偽造は、それがグルジア・メンシェヴィキとその本質的にブルジョワ的立場とを調和させてくれたが故に、彼らにとって、とくにその初期にあっては、心理的に必要なものであった。しかしながら、彼らの政治的怯懦、彼らの民主主義的雄弁さ、つまりパトスあふれる陳腐な言辞、観念の領域における一切の厳密なるもの、完成されたもの、明確化されたものへの本能的嫌悪、ブルジョワ文明の外観への嫉妬の入り混ったへつらい――これらすべてが組み合わさって、マルクス主義者に直接的に敵対する心理的類型《タイプ》を生み出したのである。ツェレチェリが《国際的民主主義》について語る時(ペトログラード、チフリスあるいはパリで)、人は彼が架空の《国際宗族《ファミリー・オブ・ネーションズ》》を意味しているのか、インターナショナルあるいは協商国を意味しているのか、皆目見当がつかない。彼は最後の手段として常に協商国に言い寄るのだが、同時にそれは、あたかも全世界のプロレタリアートを抱擁するかのような語り口なのだ。彼の思想の混乱と概念の曖昧さとが、こうした手品のようなトリックを可能としている。この一族の首領ジョルダニアが国際的連帯について語る時、彼は同時に、グルジアのツァーリたちを厚遇することを暗に仄めかしている。「インターナショナルと国際連盟(!)との未来は保証されている」とチヘンケリはヨーロッパより帰国して発表する。民族的偏見と社会主義の断片、マルクスとウィルソン、美辞麗句の乱発と中産階級の狭量さ、情熱と悪ふざけ、インターナショナルと国際連盟、わずかな誠実さと多くのごまかし、これらを田舎薬剤師の自己満足と一緒くたにして混ぜる――この諸々の事件にもまれて《使用前によく振られた》調和薬こそ、グルジア・メンシェヴィズムの核心なのである。

グルジア・メンシェヴィキは、ウィルソンの一四か条を大喜びで迎えた。彼らは、国際連盟を歓迎した。彼らは、最初にカイゼルの軍隊のグルジアへの入国を歓迎し、次いでその出立を歓迎した。彼らは、イギリス軍の入国を歓迎した。彼らは、フランス提督の友情に満ちた確言を歓迎した。彼らがカウツキー、ヴァンデルヴェルデ、スノーデン夫人を歓迎したことは、言うまでもない。彼らには、カンタベリー大僧正がほんの少しばかり特別な呪いの言葉をボリシェヴィキに浴びせてくれるなら、いついかなる時にでも彼を歓迎する用意があるのだ。こうした振る舞いを通じて、こういった輩は、彼らが「ヨーロッパ文明の重要な部分」を担っていることを証明したがっているのである。

メンシェヴィズムは、ジュネーブにおいてグルジア代表団から国際連盟へ提出された覚書の中で、その正体を暴露している。

「西欧民主主義の旗の下に馳せ参じたグルジア人民は（とその覚書の結語は述べている）、戦争の直接的成果であり、同時に将来における戦争の可能性を防止する手段として役立つであろうような政治機構を設立するという考えを、むろん非常なる共感を抱いて見まもっている。『国際連盟』は……そうした未来の諸民族の統一に至る途上での人類によるもっとも実り豊かな偉業を意味する機構を体現している。『国際連盟』への加盟を要請するにあたり……グルジア政府は、今よりのち連帯と協力とを命ずることになる、国際的活動を統制すべき真の諸原則が、かつては東洋でキリスト教の前衛であり現在は民主主義の前衛となっている由緒ある人びと――ただひたすら自由のために闘い、内にあっても勤勉に労働しぬくことを自己の先祖伝来の家宝としている人びと――の自由なヨーロッパ諸国へ家族員として迎えられることを要求しているのだ、と考える」

何もつけ加えたり、とり除いたりする必要はない。これは、浅薄さを示す古典的文書である。これはまごうことなく一つの基準として利用できる。すなわち、この覚書を読んで吐気をもよおさないような社会主義者は、軽蔑されて最終的に労働運動から放逐されてしかるべきなのである、と。

グルジアに関する研究からカウツキーが引き出した最大の教訓は、不和、分立、内訌に満ちたロシア全体とは異なった、またこの罪深き――この点ではロシアとさして違わない――世界全体とも異なったグルジアの山中にのみ、真正で純粋なマルクス主義の完全なる君臨を見ることができる、というものである。と同時にカウツキーは、グルジアに大中規模の産業は存在せず、したがって近代的プロレタリアートも存在していない、という事実を包み隠しはしない。憲法制定会議へのメンシェヴィキ代議員の大部分は、教師、医師それに官吏から成っていた。有権者の大半は、農民であった。にもかかわらずカウツキーは、この驚くべき歴史上の奇蹟についてわざわざ説明の労をとろうとはしないのだ。他のメンシェヴィキと一緒になって、われわれがロシアの後進性をその最高の長所としてひけらかしていると非難するその彼が、旧ロシアのもっとも後進的な片隅に社会民主主義の理想的な標本を見い出すのである。グルジア《マルクス主義》がしばしの間、他のさほど運のよくない国々が体験した内紛や分派抗争をまぬがれたという事実は、実にその社会的環境の際立った未成熟ぶりおよびブルジョワ民主主義とプロレタリア民主主義との分化過程の立ち遅れを証明するものであるばかりではなく、その結果としてグルジア・メンシェヴィズムがマルクス主義とはまったくもって無関係な代物であることをも意味しているのである。

こうした根本的な諸問題に答えるに、カウツキーは横柄にも、彼はわれわれの多くが未だゆりかごに入っていた頃にはすでにマルクス主義の真理を学びとっていたのだと宣《のたま》う。私には、こうした御託宣に文句をつける気はない。かの賢明なるネストル[59]（シェークスピアのではなくホメロスの）は、自分の恋人の方が敵の祖母よりも昔は美しかったのだという一事をもって、敵に対する自らの優越性を誇ったものだった。誰しも自由に自己流のやり方で慰めを見い出してよいのだ。しかしながらカウツキーは、彼があまりにも遠い昔にマルクス主義のＡＢＣを学んだという実にそのことの故に、ＡＢＣのまさにＡそのものをグルジアについて応用できないでいる、ともいえよう。彼は、いっそう恒常的・恒久的なものとなったグルジア・メンシェヴィズムの動揺を、後進的グルジアにおける革命的社会主義の時代が旧ロシアの他の部分に比較してはるかに遅れて開始されたことの結果としてではなく、高度の戦術的聡明さの結果であると解釈するのだ。

歴史的諸事件の進展を苦々しく思いつつ、カウツキーは、メンシェヴィキ時代の最後の日々――マルクスとエンゲルスがその宣言を起草してから四分の三世紀後――に、その精神的渇きを癒すためチフリスにやってきた。同様にスノーデン夫人もまた、その持ち衣裳を虫干しするためにこの歓楽地へやってきたのだ。ジョルダニアによれば、グルジアのツァーリとユイスマン氏の双方をその広々とした胸に抱きしめるフェビアン派のまことの福音がもつ良識は、イギリス社会主義の公式指導者たちの高邁な理想を満足させるよう天から運命づけられていたのである。

愚かさとは、それが社会的根源を持つ時には、なんと頑固に生き延びることか！

第八章　再論——民主主義とソヴィエト体制

この問題についての歴史的考察を一応なし終えたいま、われわれは多少ともそれらを総括的に論じてもよかろう。

過去五年間にわたるザカフカースの歴史は、たまたま革命期における民主主義というものに関する一連のきわめて有益な教訓を提供してくれている。全ロシア憲法制定会議選挙の際には、カフカース諸党派のうち一つとしてロシアからの分離という政綱を前面にかかげたものはなかった。およそ四、五か月後の一九一八年四月になると、憲法制定会議に参加したまったく同じ代議員によって構成されたザカフカース議会は、分離し独立国家を形成することを決議した。こうして、民族としての存在にかかわる根本的な問題——ソヴィエト・ロシアと共にか、あるいは分離、敵対してか——について、誰もザカフカース住民の希望を考慮することなど思いもつかなかったのである。一般投票、国民投票あるいは新たな選挙についてはは何も言及されなかった。ザカフカースのロシアからの分離は、ペトログラードにおいてザカフカースを代表することを目的として革命初期の曖昧で漠然とした民主主義的政綱に基づいて選出されたままの、そのそっくり同じ代議員たちによって決定されたのであった。

当初、ザカフカース共和国は、諸民族全体の連合であると宣言された。ところが、ロシアからの分離という事実そのものによって、さらには新たな国際的立場を模索するなかからもたらされた状況は、ザカフカースの、三つの民族的部分――アゼルバイジャン、アルメニア、グルジア――への分散を招くこととなった。分離後五週間たった一九一八年五月二六日には早くも、全ロシア憲法制定会議議員より構成され、ザカフカース共和国を樹立した他ならぬその同じ議会が、その解体を宣言したのである。このたびもまた、誰も人民大衆に諮《はか》りはしなかった。新たな選挙もなければ、どのような形の諮問もなされなかったのだ。まずはじめに、タタール人、アルメニア人、グルジア人のいっそう緊密なる連合――議会指導者たちはそう説明した――の名において、それは人民の意志を問うことなくロシアから分離した。次いで、外部から最初の刺激を受けるや、タタール人、アルメニア人、グルジア人たちは、今度もまたその意志を問われることなく、三つの国家へと引き裂かれたのだった。

そのまさに同じ日に、議会のグルジア部会は、グルジア共和国を宣言した。誰も、グルジアの労働者や農民の意志を問おうとせず、彼らは既成事実に直面させられたのである。

それに続く九か月の間、メンシェヴィキは《既成事実》を推し進めることに忙しかった――共産主義者は地下へ追い込まれ、トルコならびにドイツとの関係が結ばれ、講話条約が協議され、ドイツ人がイギリス人とアメリカ人にとって代えられ、メンシェヴィキはその基本的な改革を実行し、とりわけ、自己の武装親衛隊を人民親衛隊という形で創設した。こうしたことどもをなし終えた後に、はじめて彼らは憲法制定会議の召集（一九一九年五月）に踏み切り、大衆の前に、彼らが以前には耳にしたことも夢みたこともなかった独立グルジア共和国の議会へ代表が選出する必要性を持ち出したのである。

ところで、これは一体全体何を意味するのか？　たとえば、もしもマクドナルドが歴史的思考において有罪であったとすれば、つまり彼が歴史的運動の背後にある生き生きとした諸力や利害関係を見抜くことができ、その偽装から真の形状を、その口実から真の動機を識別することができたならば、まず最初に彼は、とくに優れた民主主義者であるこれらのメンシェヴィキ政治家たちが、政治的民主主義の方法に逆らった実に遠大な方策を目指し、実行していたことに気づいたことだろうに。彼らが、全ロシア憲法制定会議のザカフカースにおける残存部分を利用したのは事実である。だが彼らは、それが選出されたのとは正反対の目的のためにそれを用いた。そのうえ彼らは、革命の未来を妨害するために革命の過去の残りかすを人為的に支えたのである。彼らは、人民が選択の余地を奪われるような状況――ザカフカースがロシアより引き裂かれ、グルジアがザカフカースより引き裂かれ、イギリスがバトゥームを占領し、あまり頼りにならぬ白衛軍同盟が共和国国境付近にあり、グルジア・ボリシェヴィキが非合法化された――にグルジアを慎重に追い込んでしまった後ではじめて、グルジア憲法制定会議を召集した。メンシェヴィキ党は、グルジアとそれがパンの供給を依存している協商国との唯一の可能な媒介者として生き残っていた。こうした諸条件の下では《民主的》選挙は、メンシェヴィキ自身およびその外国の協力者や庇護者の双方による反革命暴力をもって達成された一連の事実全体を否応なく承認すること以外の何ものをも意味しえない。

そのことを、われわれが《全権力をソヴィエトへ》という綱領の周りに大衆を結集し、ソヴィエトをうち立て、ソヴィエトを目指して闘い、粘り強い非妥協的な努力を通じてメンシェヴィキや社会革命党に抗していたるところでソヴィエト多数派を勝ちとりつつ、公然と準備した一〇月革命と比べてみるがよい。その場合、いったいどちらの側に革命的民主主義は存していたのだろうか？

ここでわれわれは、近代史の全経験からわれわれが学んだ革命の力学についての若干の問題にいま一度立ち戻らねばならない。

革命というものが、人民の大多数――それ故この人民は異なる諸階級を含む――の利益が既存の所有制度や国家間の関係と衝突するようになった場合にのみ可能であることは、現在の経験にいたるまで、立証されてきた。したがって革命は、有産階級の個的利害、中産階級の近視眼的見通し、それにプロレタリアートの政治的後進性を表現する初歩的、《民族的》諸要求をもって開始される。衝突しあう諸利害が革命陣営内部であらわになってくるのは、こうした綱領を実際に現実化してゆく過程を通じてのことであるにすぎない。有産者や保守的分子が徐々にであれ一挙にであれ、反革命陣営に投げ込まれてゆくのに反して、被抑圧大衆の中から闘争場に加わる者の数は、止むことなく増加する。要求はいっそう明確なものとなり、手段はいっそう断固としたものとなる。ここにおいて、革命はその頂点に達する。この点を越えてさらに革命が前進するためには、物質的前提条件（生産的諸条件）も意識的政治勢力（党）もまだ不足しているのだ。それゆえ次に革命は、一時的にもしくは歴史上の長い一時期にわたって、下降線をたどることになる。革命の過激派は、権力の座から追われるか、そうでなければ、情勢がもっと好転するまでは自主的に自己の行動綱領を縮少する。

（われわれはここで、厳密な階級概念を抜きにしたまま、革命の算術的定式化を行なっているのだが、われわれが生き生きとした諸力の闘争と民主主義の形態との間の相互関係を取り扱っているかぎりは、これはわれわれの目下の意図を十分に満足させるものである）

歴史的に受け継がれてきた代議機関（フランスの三部会、ロシアの帝国議会《ドゥーマ》など）というものは、ある特定の時期にあっては革命を促進するものとなりうるが、次の瞬間には、革命の障害物にも転化しうる。

革命の第一期を通じて選出された代議機関は、その政治的な未熟さ、純真さ、慈悲深さ、優柔不断さのすべてを不可避的に反映する。まさにこのことの故に、それはすみやかに革命の発展を阻害するものと化すのである。この阻害物を打倒しうる革命勢力がすぐにも準備されていないならば、革命は行きづまり、やがては後退することとなる。憲法制定会議は、反革命によって一掃されてしまう。一八四八年革命では、こうしたことが起こった。ヴランゲリ将軍は(原註)、彼を一掃する力がないことを暴露し、しかも自ら然るべき時期に革命党派の手で一掃されることもなかったプロシアの制憲議会を、一掃したのである。われわれもまた、明らかにまったく同じ資質を受け継いだわれわれのヴランゲリ将軍を有していた。にもかかわらず、われわれは彼を一掃してしまった。われわれは、然るべき時期に憲法制定会議を一掃し終えていたからこそ、そうできたのである。たとえば、サマーラ憲法制定会議は、プロシアの経験を繰り返し、コルチャークという人間に自己の墓堀人を見出す破目に陥った。

(原註)　一八四八年のプロシアの将軍であり、かの名高い現存の将軍とは違う。

フランス革命は、ひとえに当時のドイツが実体なき一つの虚構であり、他方ではイギリスが現在と同様にほとんど大陸国家に取り組むことができなかったおかげで、しばらくの間不格好で愚鈍な代議機関と肩をならべて行動する余裕を持った。こうしてフランス革命は、われわれの革命と違って、そもそもの始めより長い対外的《猶予》を享受でき、そのために、革命の要求に応じて民主主義的代議形態を次から次へと体験し、適応させてゆくことができたのである。しかしながら、状況が緊迫の度を加えてくると、指導的革命党派は、自己を形式的民主主義の鋳型の中に閉じ込めるようなことにせず、ギロチンの助けを借りて、民主主義を自己の政治的要求にかなうように急いでつくり変えた。ジャコバン派は、議会の右派議員を根絶し、中道派を脅やかした。革命の過程は、民主主義という水路に沿ってではなく、テロリストによる独裁制という隘路と奔流とを突き抜けて前進したのであった。

歴史全体を通じて、民主主義的方法によって完遂された革命は存在しない。なぜならば、革命とは厳粛きわまりない真剣勝負なのであり、常に形式によってではなく内実によって決着がつけられるものだからである。ゲームの規則に従ってカード遊びに興じている時に、個々人が自分の身代やその《名誉》さえも失うことは非常によくあることである――だが、階級は《民主主義的》議会主義というゲームの規則をじっと観ているだけで、自己の財産、権力、《名誉》を失うことには決して同意しはしないものだ。彼らは常に、このうえなく真剣に、すなわち物質的諸力の幻影ではなく、その現実的相互関係に従って、この問題を解決するのである。

プロレタリアが絶対的大多数を占めるイギリスのような国々にあってすらも、労働者革命の結果生み出される代議機関は、疑問の余地なく、革命の第一義的必要性ばかりでなく、この国の恐るべき保守的伝統をも反映することであろう。こんにちのイギリスの労働組合指導者の精神状態は、聖パウロ大寺院復興時の宗教的・社会的偏見、資本主義的発展の最高段階における労働組合役員の老獪な手管、かなりの程度戦闘性を発揮している小ブルジョワの俗物根性それに一再ならず労働者を裏切ってきた労働党政治家の落着きのない良心、こうしたものの混合物である。さらにこれに、知識人、教授それにフェビアン協会派の影響――牧師の社会主義的説教、平和主義者の理性的図式、《ギルド社会主義者》の素人遊び、頑固で尊大なフェビアン派の狭量さ――がつけ加えられねばならない。イギリスにおける現在の社会的諸関係はきわめて革命的であるにもかかわらず、この国の強力な歴史的過去は、労働組合官僚の意識ばかりか熟練工の上層部分の意識にも保守的な外皮を覆いかぶせたままである。ロシアにおいては社会革命への障害は客観的なもの――小規模農業の優越および工業における技術的後進性――であるが、イギリスにおいてはこれらの障害は主観的なもの――ヘンダーソン、ヒドラよろしく九つの頭を持ったスノーデン夫人一派の弾力性を失った意識――なのだ。プロレタリア革命は、不純分子の排除と自己純化とによって、こうした障害を処理するであろう。だが、民主主義的方法によっては、それらを処理することは望むべくもない。マクドナルド氏としては、自己の政綱からというよりも、自己の保守的な存在という現実そのものから、そうしたことが成就されるのを妨害することだろう。

もしロシア革命――国内に存在する不安定な社会関係と国外からの絶えざる脅威とにさらされて――が、ブルジョワ民主主義の枷に自己を結びつけたとすれば、とっくの昔に、喉にナイフを突きたてられた死体となって路上に倒れているのを発見されていたことだろう。カウツキーは、ソヴィエト共和国の倒壊は国際的革命にとって深刻な痛手にはならないだろう、と応酬した。だが、それはこの際何ら関係のないことだ。われわれは、ロシア・プロレタリアートの共和国の崩壊が、思い悩める多くの諸君から重荷を取り除いてやることになるだろう、ということはいささかも疑ってはいない。連中の誰もが勝ち誇って言うことだろう、「それ見たことか!」と。カウツキーは、その一〇〇一番目のパンフレットを書くこともできようが、その中でなぜ彼自身が無用者となるよう運命づけられているのかを説明しようとはしないだろう。われわれの側としてはソヴィエト共和国がもっとも困難な歳月を通じて崩壊しなかったという事実そのものが、ソヴィエト体制の優越さを示す何よりの証左となっている、と引き続き考えている。もちろん、ソヴィエト体制が何か不可思議な力を有しているわけではない。だがそれは、共産党と大衆との間のもっとも緊密な同盟をもたらすほど十分な柔軟性を持っていることを証明し、同時に党がイニシアティブを保持し、二流、三流の議会主義的お遊びの機会を容認することで革命の根本的な事業を危地に陥れるのを防ぐために必要な策略を用いることを可能としたのである。反対派――諸勢力の気分や相互関係の変化から切り離された存在となっていた――の危険に関しては、ソヴィエト体制は同様に、昨年一年間を通じてこのうえなく精力的に行動した。全世界のメンシェヴィキは、ロシア革命の《テルミドール期(原註)》という言葉を利用した。けれども、この兆候を定式化したのは、彼らではなくわれわれ自身であった。しかもさらに重要なことには、プロレタリアートの権力を維持するために必要とされた小ブルジョワのテルミドール的気分や傾向への譲歩は、共産党の手で、この体制を破壊することなく、また政権を手放すことなく、実施されたのであった。革命から何事かを教えられた思慮深いロシアの一教授は、われわれの新経済政策を「ブレーキをかけたまま丘を降りていく」ようなものだ、と洒落っ気たっぷりに評してくれた。この教授が他の多くの者と同様に、こうした降下――われわれは、これについてその範囲や意味を軽視するつもりはない――を何か最終的な、決定的なものだと考えることは大いにありそうなことである。付随的な脱線がどれほど重大なものであろうともわれわれの政策は常に自己の本道に立ち戻りそれを維持しているのだ、ということを彼はもう一度学び直さなければならないだろう。このことを理解するためには、われわれの戦術を、新聞煽動屋のものさしではなく時代というものさしで測ることが必要なのである。ともかくも、「ブレーキをかけたまま丘を降りていく」ことは、権力を手にしたプロレタリアートの観点より見れば、革命的攻撃力を弱体化させるところの近代的改革を容認することでブルジョワ体制が手に入れるのとまったく同じ利益を持つ——この比喩は、ヘンダーソンの党全体がブルジョワ社会にとっての安全ブレーキにすぎないのだから彼には大そう気に入るはずである。

(原註) フランス大革命においてジャコバン派の独裁が転覆されたテルミドール(熱月)九日という日付けに由来している。

ところで、長い年月にわたってあらゆる国々のメンシェヴィキによってあれほど多く語られ、書き記されてきたソヴィエト体制の《退廃》は、どうなったのか? まず、彼らが《退廃》と呼ぶものは、先にブレーキをかけたまま降りていく、と評されたことがらと密接に関連づけられている。国際的革命は、表面的には停滞、さらには後退といった様相すら帯びながらも、諸勢力の分子凝縮過程を経過しつつある。この過程の一段階が、われわれの新経済政策なのである。国際的な逆行化というこの困難な時期は当然にも、ロシア勤労大衆の境遇や逼迫した事態に、さらにその結果としてソヴィエト体制の任務に、影響を及ぼす。その行政的・経済的装置は、この時期を通じて巨大な成功を記録していた。だがもちろん、大衆的代議機関としてのソヴィエトは、国内闘争の初期および国外から重大な脅威を受けた時期にそれを特徴づけたあの高揚した緊張を持続していくことはできなかった。議会主義諸党派の退屈な活動も、その組合せと筋書き次第では、大衆という猛烈な重圧の真只中にあってさえ、最高級の《劇》を上演することになるかもしれない。ソヴィエトは、それほど時間と空間から独立しているわけではないのである。それは、大衆の生活と感情とをはるかに直接的に反映する。したがって奇怪なことに、その最大の長所となっているものを短所と見做すこととなる。ただヨーロッパにおける革命の進展だけが、ソヴィエト体制に再び強力な刺激を与えてくれることだろう。

それとも、メンシェヴィキ反対派やその他の議会主義の秘法によって大衆の《精神を高揚》しうるとでもいうのか？　議会制民主主義を所有している国には事欠いていない。しかしながら、われわれはそこに何を見るというのだ？　それは、もっとも愚鈍な憲法学者とか社会主義のもっとも破廉恥な背教者とかに、ロシアの勤労大衆がいまこの現在、ソヴィエト体制の《退廃》と称されるものの真只中にあってさえ、いかかる議会制共和国の場合より百倍も積極的な、直接的な、継続的な、確信的な態度をもって、社会生活の全分野の管理に参加しているという事実を否定させようというのである。

＊　＊　＊

古くからの議会的文化を維持しているすべての国々にあっては、資本の意志が普通選挙に基づいた議会を通じて伝達されるためのかなり多くの複雑な機構・装置が発展させられてきた。若く、文化的により後進的な国々にあっては、農民に基礎を置く民主主義は、はるかに卒直な、したがって教育的な性格を帯びている。ちょうど人が動物の組織体の研究をアメーバから始めるように、イギリス議会主義の複雑さの研究は、バルカン諸国の実践を検討することから始められねばならない。

ブルガリアにおいては、それが独立した存在となって以来この国を支配し続けてきた有力な諸党派は、その綱領が互いに区別し難いものであったにもかかわらず、一貫して骨肉相食む苛烈な抗争に巻き込まれてきた。どの党派も、親露主義派であれ親独主義派であれ、太公によって組閣を命ぜられるや、直ちに国民議会を解散し新たな選挙を行なったが、それは常に反対諸党派に二、三議席だけを残して支配的党派に圧倒的大多数を与えるものであった。民主的選挙によってほとんど息の根を止められかけていた一党派が、その二、三年後になって太公から組閣するよう招聘された――この党派は国民議会を解散し、新たな選挙を行ない、今度は議席の大多数を獲得した。その文化的水準と政治的経験に関してはグルジア人に決して劣ることのないブルガリアの農民たちは、政権の座にある党派に常に投票することで自分たちの政治的意志を表明したのである。そして革命にあっては農民はただ、権力を掌握する能力もしくは現に権力を掌握していることを現実に証明する党派だけを支持する。一九一七年二月革命後の社会革命党の場合がそうだった。一〇月以降のボリシェヴィキの場合もそうだった。グルジアにおけるメンシェヴィキの《民主的》支配は、革命期特有の衣裳に覆い隠されてはいたものの、実質的には《バルカン的》性格のものであった――すなわち、それは、ブルジョワ体制の下にあって、国家の運命を左右すべき自分たち自身の党を形成しえないという農民の歴史的に実証された無能さに依拠していたのである。近代史を通じて、綱領と指導とは、常に都市から与えられてきた。革命の決定的な性格は、農民大衆が都市の極左的諸党派と運命を共にするその度合によって決せられたのである。そうした事態は、宗教改革末期のドイツの大寺院に見うけられた。そうした事態は、都市のジャコバン党が農村を頼みにできたフランス大革命の渦中にも見うけられた。一八四八年革命は、その弱体な左翼が農村の支持を得ることに失敗し、農民が軍隊という形で法と秩序の側に留まったというまさにそのことの故に、緒戦そのものにおいて敗退させられた。現在のロシア革命はその成功を、主として労働者が自らの統治する能力を農民に証明してみせることによって彼らを政治的に獲得するのに成功した、という事実に負っているのである。

グルジアでは、革命の中心地から隔離されていることと相俟ったプロレタリアートの数的不足と後進性とが、中産階級知識人と労働者のひときわ保守的な部分との政治的同盟に、比較にならないほど長期にわたる権力への居坐りを許した。グルジア農民は、不穏な動きや叛乱によって自己の急進的な要求を政府につきつけようと試みたが、そのたびごとに、権力を自己の手に掌握する能力のないことを示すこととなった。彼らの孤立分散した叛乱は、粉砕され、他方では議会的ペテンが続けられたのである。

メンシェヴィキ体制の相対的安定は、未組織農民大衆の政治的無能さ——メンシェヴィキは巧妙にこれを維持していた——に基づくものであった。彼らはこの点において、とりわけ、人民による政府という原則に関係なく事実上の権力問題を解決することによって、すなわち民主的諸機関には絶対的に忠誠を誓う必要のない独立した武装勢力を組織することによって、成功を収めたのである。これまでほんのことのついでに触れてきた人民親衛隊のことを言っているのだ。だがこれは、メンシェヴィキ民主主義の秘密を解くもっとも重要な手がかりなのである。人民親衛隊は共和国大統領の直轄下に置かれ、慎重に選抜され申し分なく武装されたこの体制の信奉者たちから構成されていた。カウツキーはこのことを承知している——「ただ試錬をくぐり抜け組織化された同志のみが、武器を手にすることができた」（六一頁）　試錬をくぐり抜け組織化されたメンシェヴィキとして、カウツキー自身もグルジア人民親衛隊の名誉隊員に加えられた。これはたいそう感動的なことではあるが、人民親衛隊の方は民主主義と非常にうまくいっていたというわけではない。カウツキーは、ボリシェヴィキを攻撃しつつ同じパンフレットの中で書いている——「もしも農業国においてプロレタリアートあるいはプロレタリア軍が武器を独占していないならば、それは農民の共感を勝ち得ることによってのみ権力を保持できよう」（四八頁）　メンシェヴィキ党の手中に武器が独占されていないとすれば、人民親衛隊とはそも何なのか？　たしかにグルジアでは、メンシェヴィキ独裁のための人民親衛隊と併行して、徴兵制に基づいた正規軍が設けられていた。だがこの軍隊の意義は、ほとんど零に等しいものだった。一九二一年二月から三月へかけてメンシェヴィキが転覆された時、その国軍は戦闘にほとんど参加せず、概してボリシェヴィキの側に転ずるか、もしくは戦わずして降伏したのである。カウツキーは、この厳然たる事実について、おそらく異なった情報を得ているのだろう。彼にそれを漏らしてもらおう。しかしながらなによりもまず彼に、もしもグルジア《民主主義》が労苦する大衆の共感によって維持されているとすれば、いったいなぜ厳密に選抜され純粋に親衛隊的性格の武装勢力をもつ必要性かあるのかを、説明させせよう。これについては、カウツキーは一言も発言していない。マクドナルドはといえば、ご存知のように、ことに彼がイギリスにあって金銭目あての反動的傭兵軍が《民主主義》を保護している光景に慣れきってしまっているために、「革命の問題で思い煩う」ことが必要だとは思っていないのだ。

いまもって、メンシェヴィキ民主主義の護教者たちは、この体制の武装勢力という取るに足らぬ問題についいては、沈黙をまもりつづけている。だが人民親衛隊の手中には、事実上、国家の全権力が集中されていたのだ。特別部隊と手を携えて、彼らは処刑、特赦、逮捕、銃殺、追放をとりしきった。彼らは、憲法談議にはおかまいなしに、自らの布告によって徴用労働を押しつけた。フェルディナンド・ラッサール(60)は、大砲はいかなる憲法にあっても不可欠な要素となっているということをいみじくも解き明かしてくれた。グルジア《憲法》は、ごらんのとおり、十分に武装し、第二インターナショナルの綱領ではなくライフルと大砲とに身を固めた人民親衛隊(カウツキーによると、三万人のメンシェヴィキからなっている)(原註)によって、そのもっとも重要な部分に花を添えられたのである。

（原註）この数はきわめて誇張されたものである。ここでもまた、メンシェヴィキは、この人民親衛隊の尊敬すべき称賛者を欺く機会を見逃しはしなかったのだ。

さらにまたグルジアには、明らかに体制を維持する目的でメンシェヴィキによって招聘された外国軍隊が常に存在したことを、われわれは覚えている。

協商国諜報機関は、ヂェニーキン、ヴランゲリの諜報機関やメンシェヴィキ特別部隊と共に、親衛隊や占領軍の《無政府状態《アナーキー》との闘争》にいつでも便宜を与える用意を整えつつ広汎な戦線で活発に行動し、その結果、グルジア・メンシェヴィキ《憲法》のもっとも念入りに整備された一条項を代表していた。

こうしたわけで、憲法制定会議におけるメンシェヴィキの八二パーセントまでが、人民親衛隊、特別部隊、イギリス遠征軍の大砲とチフリス独房監獄との議会的反映にすぎなかったのである。民主主義の秘密とは、このようなものなのだ。「そういう貴方たち自身はいったいどうなの？」というスノーデン夫人の怒りにふるえる抗弁が聞えてくる。

われわれ自身はどうなのかとおっしゃるのですね、マダム？　まず第一に、マダム、政府機関の数を国の面積および人口数の巨大さに比較してみると、グルジア・メンシェヴィズムの独裁制によって制度化された政府機関数はソヴィエトのそれを数倍も上回るものだった。もし貴女が算術の加減乗除を御存知ならば、すぐこのことが納得できるはずなのだが。のみならず、マダム、資本主義的全世界が終始一貫してわれわれに敵対して布陣していたのに反して、グルジアはわれわれに敵対した勝ち誇った帝国主義諸国の庇護を常に享受していたのである。そして最後に、マダム、これも劣らず重要なことなのだが、われわれの体制が民主主義とは異なって、階級の上に屹立し、自己の強固さを信頼した階級的革命的独裁の一つであることを、われわれは決していかなるところでも否定したことはない。われわれは、グルジア・メンシェヴィキやその護教者どものように嘘をついたりはしなかった。われわれは、歯に衣を着せずに物を言うことに慣れているのだ。われわれがブルジョワジーやその政治的下僕どもから政治的諸権利を剥奪する時でも、われわれは民主主義的こじつけをしたりせず、公然と振る舞う。われわれは、勝利せるプロレタリアートの革命的権利を強く主張する。われわれが自己の敵を銃殺する場合、それを民主主義という風奏琴の音色だなどと言いはしない。真摯な革命的政策というものは、とりわけ、大衆の目をくらますようなことを避けるものなのだ。

第九章　民族自決とプロレタリア革命

「同盟諸国は、小国の民族自決という大原則を捨てるものではない。同盟諸国は、若干の一時的に独立した国家が、その秩序を維持するにあたっての無能さ、その好戦的・侵略的行動さらにはあくことのない愚かで不必要な自己の威光の主張によって自らが世界平和にとって危険な存在であることを明らかにするような事態に直面する場合にかぎってのみ、この原則を否認するであろう。列強は、世界平和を維持せんと決意しているが故に、そうした国々を容赦しないつもりである」

イギリスのウォーカー将軍は、こうした景気のよい言葉で、グルジア・メンシェヴィキの心に自決に対する民族的権利が相対的概念であることを印象づけた。政治的には、ヘンダーソンが彼の将軍を尻押ししていたし、いまもなおそうである。だが、《主義としては》彼は喜び勇んで民族自決を絶対的原則へと転化し、その矛先をソヴィエト共和国へ向けるのだ。

民族自決は、被抑圧民族にとっては基本的な民主主義的定式である。階級的抑圧が民族的従属と複雑にからみあっているところではどこでも、民主主義的要求は、何よりもまず、民族的諸権利の平等——自治もしくは独立といった——への要求という形態をとる。

ブルジョワ民主主義の綱領は民族自決権を含んではいたが、この民主主義的原則はもっとも強力な国家のブルジョワジーの利害と激しく公然と衝突するにいたったのである。政府の共和主義的形態は、株式市場の支配とまったく両立しているように見えた。資本主義は、普通選挙機構の上に、いともやすやすと独裁制度をうち立てた。しかしながら民族自決権は、多くの場合、ブルジョワ国家の分割あるいはその植民地の分離という鋭い直接的危険性を帯びてきたし、いまもなお帯びつづけている。

もっとも強大な民主主義国は、帝国主義的独裁制へと転化してしまった。金融寡頭独裁すなわちシティ〔イギリスの金融中心地〕は、自国の《民主主義的に》奴隷化された人民を通じて、公民権を剥奪された莫大な数のアジア・アフリカ人民の上に圧倒的に君臨している。

三八〇〇万の人口を有するフランス共和国は、現在六〇〇〇万の有色奴隷を数える植民地帝国の一部であるにすぎない。フランス植民地の黒人住民は、労働者に対するフランス本国の資本家の支配を維持するために奉仕する軍隊を補充――絶えずその数を増しながら――してゆかねばならないだろう。隣接する諸民族の犠牲のうえに立った市場拡張傾向および植民地拡大や海軍力をめぐる抗争――帝国主義――は、ますます被抑圧人民の民族主義的分離主義の動きと非和解的に衝突するようになってきた。しかも社会民主主義者を含めた中産階級の民主主義者たちが完全に帝国主義者に屈服してしまったがために、民族自決という綱領は、否応なく無に帰せられてしまったのである。

帝国主義的大殺戮〔第一次大戦〕は、この問題に鋭い変化をもたらした。ブルジョワ的、社会愛国主義的全党派が民族自決をとらえてこれを利用したが、失敗に終った。交戦国諸政府は、最初は相互の戦争において、次いで後にはソヴィエト・ロシアに対する戦争において、このスローガンを採択するのに最善を尽した。ドイツ帝国主義は、ポーランド、ウクライナ、リトアニア、ラトヴィア、エストニア、フィンランドそれにカフカース諸人民の民族的独立を弄び、このスローガンを最初はツァーリズムに対抗して、後にはいっそう大々的にわれわれに対抗して用いた。協商国は当初、ツァーリズムと結託して、オーストリア＝ハンガリー、ドイツおよびトルコ人民の《解放》を主張した。彼らはその後、ツァーリズムの協力を失った結果、ロシアの国境沿いの諸州の《解放》という路線を採りあげた。

暴力と抑圧を通じて形成されてきたツァーリ帝国を継承したソヴィエト共和国は、民族自決および民族独立の権利をきわめて公然と宣言した。社会主義への移行期におけるこのスローガンのもつ巨大な意義を認識しつつも、わが党は寸時も民族自決という民主主義的原則を、他のすべての歴史的要求や任務に優越する要素と考えたことはなかった。

現代社会の経済的発展は、著しく中央集権的性格を持っている。資本主義は、適切に調整された世界的規模の経済のために、予備的基礎を築いてきた。帝国主義は、この世界経済の運営において主導的役割を得たいと願う資本家の強盗的な表現にすぎない。強力な帝国主義諸国はみな、彼らが国民経済という狭い範囲内においては十分なはけ口を持っていないことに気づき、そのすべてがより広大な市場を物色しつつある。彼らの目的は（もっとも理想主義的な解釈を与えるならば）――世界経済の独占にある。資本主義的強欲さと海賊行為における語法に従えば、われわれの時代の基本的任務は、世界の多様な地域における諸経済体制間の緊密な相互関係を樹立することおよび全人類の利益のために、すべての人的・物的資源を無駄なく利用することによって生産の世界的調整を確立することにある、というわけだ。これこそまさに社会主義の任務といわずして何といおう。

自決の原則が、いかなる場合においても、社会主義的経済建設のもつ統一を志向する傾向にとって代わることがないのは自明である。この点で民族自決は、歴史的発展過程において民主主義一般に割りあてられた従属的な位置を占めるのである。けれども社会主義的中央集権主義に、帝国主義的中央集権主義をそのまま受け継ぐことはできないし、被抑圧諸民族国家に、資本主義的抑圧の鎖の下で堅くこわばってしまったその四肢を伸ばす機会を与えねばならない。フィンランド、チェコスロバキア、ポーランド等々の民族的独立を満足のゆく形で解決するのに要する期間は、社会革命の全般的趨勢に従って決定されよう。旧ロシア帝国の一部を構成していた多様な小民族国家は、彼らが互いに孤立しているために、独立した存在を開始したそのほとんど直後から経済的従属状態をきわめて痛切に感じとることとなった。

プロレタリア革命の任務と方法は、決して民族的特性の機械的排除や民族的融合の強制的導入にあるのではない。多様な諸民族による言語、教育、文学や文化上の障害は、たしかにプロレタリア革命とは相容れないものである。それは、知識人の専門的興味や労働者階級の《民族的》利害とは別の事柄に属している。勝利した社会革命は、すべての民族集団にあらゆる民族の文化的問題を自身で解決する完全な自由を与えるであろうし、同時に、慎重に配慮され、しかも決して民族的区分にではなく自然的、歴史的、技術的諸条件に適応した方法で取り扱われるべき経済的事業を（公共の利益のために、労働者の賛成を得て）統一的指導の下に移すであろう。ソヴィエト連邦は、民族的要求と経済的要求とを調整するためにもっとも適した、もっとも柔軟性のある国家形態を表わしているのである。

西洋と東洋の間に位置したソヴィエト共和国は、二つのスローガン――「プロレタリアートの独裁」と「民族自決」――で武装してきた。場合によっては、これらの二つの段階は、互いにほんの数年だけ、あるいは数か月だけ切り離されるかもしれない。東洋の大帝国の場合には、この隔りはおそらく何十年も続くことであろう。

九か月にわたる民主的ケレンスキー＝ツェレチェリ体制は、当時存在していた革命的諸条件の下にあって、プロレタリアの勝利のための条件を創り出す十分な資格があること証明していた。ニコライとラスプーチン[61]の体制に較べて、ケレンスキー＝ツェレチェリ体制は一歩前進であったし、このことをわれわれは常に認める用意があった。認めるということは、教授や牧師やマクドナルド一派による評価に代えて、民主主義のもつ真の意味に革命的、歴史的、唯物論的評価を与えるということである。革命の九か月間は、その独立した進歩的な意義の限界を明らかにするには十分なものだった。だがもちろんこのことは、国民投票という方法を通じて労働者農民の大多数から、彼らがこの民主主義的準備過程を満足すべきものと受けとっているかどうかという問題についての決定的回答を一九一七年一〇月の時点で得ることが可能だった、ということを意味するものではない。しかしながらそれは疑いもなく、九か月にわたる民主主義的体制の後では、プロレタリア前衛による権力奪取が無知と偏見とに由来する労働者からの反対という危険には遭わずにすんだ、ということを意味するのである。同時にそれは、不断に成長する労働者大衆の意識と頑迷さとを覚醒させつつ、自己の立場を拡大、強化することを可能とした。思うに、ここにこそソヴィエト体制の偉大なる意義があるのであって、この事実は民主主義の愚鈍な衒学者どもにすら認められているのだ。

ツァーリ帝国の旧国境諸国の民族的分離とその独立した小ブルジョワ共和国への形成は、民主主義一般とほぼ同等の進歩的意味合いを持っていた。被抑圧人民の民族自決権を拒否できるのは、帝国主義者や半帝国主義者ぐらいのものである。そこに、利己主義的野心を見い出せるのは、ただ民族主義の狂信者か山師だけである。われわれにとっては、民族自決は多くの場合、労働者階級の独裁――それは、革命的戦略の法則に従って、さらには内戦の過程を通じて、民族的分離との平衡錘として作用する強力な中央集権的傾向を発展させており、したがって十分に統制された社会主義的経済体制の要求に完全に適合しつつある――へ至る不可避的な一段階として常に立ち現われてきたし、これからもそうであろう。《独立》国家としての存在という幻想に対する抵抗（小規模なものから開始される）がどれほど速やかに労働者階級による権力奪取を可能とするかは、（すでに述べたように）革命的発展の趨勢、ならびに当該国家に固有な対内的、対外的諸条件にかかっている。グルジアでは、虚構に満ちた民族独立が三年ものあいだ維持された。

グルジアの労働者階級はその民族的幻想を克服するのに本当に三年を要したのか、それともこの過程には三年以上の年月が必要とされていたのか？――この設問に理論的な回答を与えるのは、不可能である。全世界のいたるところで、激烈な帝国主義的闘争や革命的闘争が展開されている只中にあっては、国民投票や一般投票は虚構にしかすぎない。こうしたことがどれほど巧みに仕組まれたかは、コルファンティおよびゼリゴウスキー両氏もしくはこれに対応する協商国の委員会から、簡単に確められよう。われわれにあっては、この問題は形式民主主義的な静力学によってではなく、革命的な動力学によって解決されうるものである。グルジアにおけるソヴィエト革命（それは赤軍の積極的な参加――というのは、われわれが現に赤軍を有していた以上、われわれが自己の武力をもってグルジアの労働者・農民を支援しなかったとすれば、われわれは彼らを裏切ったことになったろう――によってもたらされた）が、三年間にわたるグルジアの《独立》という政治的経験をふまえて、しかも一時の軍事的成功ばかりでなく革命に向けてのさらなる政治的発展――すなわちグルジア自体におけるソヴィエト体制の拡大、強化――をも保証した諸条件の下で起こったという事実のうちに、この問題のもっとも肝要な点が存するのだ。そして、ここにこそ（民主主義の愚鈍な街学者たちにそう言わせてもらえればの話だが）、われわれの革命の事業があるのである。

第二インターナショナルの政治屋どもは、そのブルジョワ外交当局の顧問と調子を合わせて、われわれの民族自決権の承認をあざ笑っている。彼らは、これを馬鹿者向けの罠――ロシア帝国主義の手で差し出された好餌と呼んでいる。実際には、この問題を卒直に解決するかわりに、そうした餌を差し出しているのは、歴史そのものに他ならないのだ。いずれにせよ、われわれには歴史的発展のジグザグを罠に作り変えたなどと非難されるいわれはない、なぜならば、われわれは、民族自決権を現実に承認しつつも、同時に大衆に対してその歴史的意義の限界性を説明するよう配慮し、決してそれをプロレタリア革命の利益より上位に置くことがなかったからである。

労働者国家はそれゆえ、民族自決権を承認することで同時に革命的抑圧が歴史的に全能なる要素ではないことをも認めるものである。ソヴィエト・ロシアは、自己の軍事力を他国のプロレタリアートの革命的努力にとって代えようなどという意図は毛頭持っていない。プロレタリア権力の勝利は、プロレタリアの政治的経験の結果でなければならない。このことは、グルジアあるいはその他の国の労働者の革命的努力が外部からのいかなる軍事的支援も受けてはならない、ということを意味するものではない。ただこうした支援は、それに対する要請が、労働者の政治的発展によって生み出され、大多数の労働者の共感を勝ち得た階級意識を有する革命的前衛によって承認された時点でもたらされるべきである、ということだけが絶対不可欠な要件であるにすぎない。これらは、革命戦略上の問題であって、形式民主主義的な儀式の問題ではない。

こんにちの《現実政治《リアルポリテイク》》は、労働者国家の利益を、大小のブルジョワ民族主義的＝民主主義的諸国家によってそれが包囲されているという事実から生み出される諸条件に適合させることを余儀なくさせている。われわれがグルジアに対して忍耐と寛容の態度を維持した際、われわれは現状の正確な評価に基づいた、そのような配慮に導かれて行動したのであった。だが、長い試練に満ちた時期の後に、こうした態度がわれわれに対してもっとも基本的な安全すら保障するものでなくなった時――民族自決の原則が、ウォーカー将軍やデュメスニル提督の手で、われわれに対する新たな攻勢を準備しつつあった反革命への法的保証へとつくり変えられた時――、われわれは、グルジアの革命的前衛の呼びかけに応えて、労働者および貧農ができるかぎり速やかに、最少の犠牲をもって、自己の政策によってすでに破産してしまった哀れな民主主義を打倒するのを援助するために、わが赤軍を導入することに何らの道義的やましさも感じなかったし、またその必要もなかったのである。われわれは民族自決の原則を、それが封建的、資本主義的、帝国主義的諸国家に向けられているところではどこでも、承認するばかりではなく、完全な支援をも与えるものである。だが、ブルジョワジーの手で民族自決という虚構がプロレタリア革命に敵対する武器へとつくり変えられているところでは、われわれは、この虚構を資本主義によって悪用されている他の民主主義的《諸原則》と区別してとり扱う必要を認めない。

カフカースにおけるソヴィエトの政策が民族主義の観点から見てもまた正しいものであったということは、ザカフカース人民相互間にこんにち存在している諸関係によってもっとも良く立証されている。

ツァーリズムの時代は、カフカースにおける残忍な民族的ポグロムによって特徴づけられていた――そこでは、アルメニア＝タタール人の虐殺は定期的な出来事であった。ツァーリズムの鉄の支配の下でのそうした血腥い暴発事は、何世紀にもおよぶザカフカース人民の血で血を洗う抗争の表現だったのである。

いわゆる民主主義の時代は、民族的抗争にはるかに深刻で組織的な性格を与えた。最初に民族主義的軍隊が形成されたが、それらは互いに敵対し、しばしば相手を攻撃した。ブルジョワ的、連邦的、民主主義的ザカフカース共和国を創立するという企ては、惨めな破綻を示した。この連邦は、その誕生の五週間後には瓦解した。数か月後には、《民主的》隣人たちは、互いにきわめて公然と交戦状態に入った。この事実からだけでも問題は設定できる——もし民主主義がツァーリズムと同様に、ザカフカース人民の平和的共存のための諸条件を創り出せなかったとすれば、他の方法を採用することが明らかに急務となっていた、と。

ただソヴィエト権力だけが、彼らの間に平和と民族的交友関係を確立した。ソヴィエトの選挙に際してバクーとチフリスの労働者は、自己の民族籍に関係なく、タタール人、アルメニア人あるいはグルジア人を選んでいる。ザカフカースにおいては、回教徒、アルメニア人、グルジア人、ロシア人赤軍諸連隊が一緒に生活している。彼らは、自分たちが一つの軍隊であり、この地上のいかかる権力といえども彼らを互いに争わせることはない、ということを骨の髄まで確信しているのだ。その反面彼らは、いかなるそしてあらゆる外敵に対しても、ソヴィエト派ザカフカースを防衛し抜くであろう。

ソヴィエト革命によって達成されたザカフカースの民族的和解は、それ自体で巨大な政治的・文化的意義をもつ事実である。その中にこそ真の生き生きしたインターナショナリズムが表現されており、われわれはこれを、第二インターナショナルの英雄たちの、その民族部門のショーヴィニスト的な実践の補完物にすぎない空疎な絶対平和主義的説教に比較して確実に評価しうるのだ。

＊　＊　＊

グルジアからのソヴィエト軍の撤退ならびに《社会主義者と共産主義者の混成委員会による管理の下での》国民投票の要求は民族自決を詐称するもっとも卑劣な罠となっている。

若干の主要な疑問——たとえば、民主主義者たちはいったいいかなる口実をもって、われわれの考えではるかに優れたものであるソヴィエト方式に代えて国民投票という民主主義的形式をわれわれに押しつけようというのか？　なぜ、この国民投票はグルジアだけに適用されるのか？　なぜ、そうした要求がソヴィエト共和国に対してだけなされるのか？　なぜ、社会民主主義者たちは、国民投票を、自国ではこの類のことを何もしないくせに、わが国には適用したがるのか？——は、ひとまず脇に置いておこう。

われわれ自身を、われわれの敵対者の立場（ということは、仮に彼らに何か立場らしきものがあればの話だが）に置いてみよう。問題をグルジアに絞って、それをじっくりと考えることにしよう。グルジア住民の意見が自由に（民主主義的な意味においてであり、ソヴィエト的意味合いではない）表現されるための諸条件が備えられているとする。

（一）誰が交渉の当事者なのか？　交渉者によって決定された諸条件の現実的履行は誰が保証することになるのか？　片方は明らかに同盟国たるソヴィエト共和国だが、もう一方はどうなのか？　それは——第二インターナショナルということになるのか？　もしそうならば、諸条件の実行を保証するその物質力はどこにあるのか？

（二）もし、労働者共和国がヘンダーソンやヴァンデルヴェルデと交渉することになり、しかもこれに応じて管理委員会が共産主義者と社会民主主義者とから構成されるものと仮定したとして、《第三》者についてはどうなのだ――帝国主義諸政府となるのか？　彼らは干渉しないだろうか？　それとも社会民主主義の下僕どもがその御主人のための保証人となるのだろうか、もしそうなら、どこにその物質的保証があるのか？

（三）ソヴィエト軍はグルジアを撤退せねばならないそうだが、グルジアの海岸には黒海の波がうち寄せており、黒海は協商国の軍艦によって完全に制圧されている。イギリスおよびフランス艦艇から揚陸された白衛軍の侵攻は、カフカース住民の記憶に鮮やかに残っている。ソヴィエト軍は出てゆかねばならないのに、帝国主義艦隊は留まるだろう。このことは、グルジア人民はいかかる犠牲を払っても状況の真の支配者たる協商国との合意に達せねばならない、ということを意味している。グルジア農民は、こうひとり言をいう破目になろう――自分はソヴィエト権力の方が好きなんだが、ソヴィエト軍が帝国主義そのものの間断ない脅威が存在するにもかかわらず、何らかの理由から（おそらく弱体なせいだろう）この地を撤退せざるをえないというからには、自分も自分と帝国主義との間の仲裁人を誰か見つけねばなるまい、と。これが、グルジア人民の自決権を犯し、メンシェヴィキを彼らにけしかけるという君らの計画ではないのか？

（四）それとも、われわれに協商国艦船の黒海からの撤退の申し出がなされることになっているとでもいうのか？　誰がそれを提案することになるのだ――協商国政府か、それともスノーデン夫人か？　この問題（第二項を参照のこと）は、いささか重要なので、われわれは釈明を求める！

（五）さらに、その艦船はどこへ持っていかれることになるのか？　紅海へか地中海へか？　そうだとすれば、この距離は海峡に対するイギリスの支配権を考慮すれば無きに等しい。とすれば、袋小路に入り込んでしまうではないか？

（六）海峡が閉鎖され、その鍵がトルコへ手渡されるというようなことがいったいありえようか？　というのも、結局のところ、民族自決の原則は、トルコ海峡、コンスタンチノープル、黒海さらにその結果としてトルコ沿岸に対する大英帝国の支配を含むものではないからである。このことは、わが黒海艦隊が白衛軍の盗賊どもに拿捕されてしまった挙句、協商国の手中にあるために、一段と重要性を増している。

われわれは、われわれの敵対者が提起したいと努力している通りに、換言すれば、民主主義的原則と保証とにのっとって、問題を提起することに同意してきた。ところが、その努力はどうやらわれわれをもっとも不躾なやり方で欺くためになされたようである。なぜならば、われわれはソヴィエト領土の実質的な武装解除に同意するよう求められているにもかかわらず、帝国主義者と白衛軍による併合や変革に対する保証としてわれわれに与えられるのは――第二インターナショナルの一片の決議だからである。

それともわれわれは、カフカースに対する帝国主義の脅威は存在していない、と想定してよいのだろうか？　スノーデン夫人が、バクーの石油について何も耳にしたことがないのを理由として？　おそらく彼女は耳にしたことがないのだろう。彼女に（このことに関して）バクーへの道はバトゥーム＝チフリス経由であることを教えてもさしつかえないだろうか？　この最後の点は、ザカフカースの戦略上重要な事実であり、このことはイギリスやフランスの将軍連も知らないと言いわけすることは許されない。現在でさえも、《解放委員会》という仰々しい名称（この名称は彼らがイギリスやロシアの石油王、イタリアのマンガン王等々から軍資金を受けとるのを妨げるものではない）の下に、白衛軍秘密組織が存在している。この白衛軍一味は、海路より武器の補給を受けている。こうした闘争は、すべて石油とマンガンのためのものである。石油王たちにとっては、彼らが石油をヂェニーキン経由で得ようが、回教徒ムサヴァト党経由で、あるいは第二インターナショナル派遣の玄関番の控える本来の民族自決という門を経由で得ようが、まったく同じことなのだ。もしヂェニーキンが赤軍を撃破するのに成功しないとすれば、マクドナルドがおそらく平和的手段で赤軍を排除するのに成功するだろう。いずれにせよ、結果は同じことになろう、というわけだ。

しかし、マクドナルドは成功しないだろう。そうした問題は、第二インターナショナルの決議——たとえそれらの決議がグルジアに関する決議ほど無内容で、矛盾し、不誠実で、曖昧なものではなかったとしても——によって解決される筋合いのものではないのである。

第一〇章　ブルジョワ世論・社会民主主義・共産主義

さらにもう一つの問題が、かたづけられねばならない——いったい何に依拠して第二インターナショナルは、われわれ、ソヴィエト連邦、共産党がグルジアを明け渡すべきであるなどと要求しているのだ！　たとえわれわれが、グルジアが強制的に占領されたということ、およびこの事実はわがソヴィエト帝国主義の現われであることを認めたにしても、第二インターナショナルの一員でイギリスの前閣僚たるヘンダーソンはいったいどんな権利をもって、国家として組織されたプロレタリアート、第三インターナショナル、革命的共産主義が、「彼の敬虔なる見解にしかすぎないもののために」ソヴィエト・グルジアを武装解除すべきであるなどと要求するのか？　チャーチル氏がこうした要求をする時には、彼は同時に、艦砲の長い砲身や封鎖用の有刺鉄線の方を向いて意味ありげな身振りをする。ヘンダーソンは、何を頼みとするのか？　聖書か、党綱領か、それとも彼自身の経歴をか？　ところが、聖書は素朴な神話にすぎないし、ヘンダーソン氏の綱領も素朴ではないにしても神話には違いないし、さらに彼の経歴はといえば、これは彼に対する厳しい告発状となっているしまつだ。

さほど昔のことではないが、ヘンダーソンは、ある民主主義国、言い換えれば彼自身の属する民主主義国イギリスの大臣であった。ではなぜ彼は彼自身の属する民主主義国——その擁護のためには彼は、自由主義的保守主義者ロイド・ジョージから提供された大臣職の受理をも含むあらゆる犠牲を忌まわぬ覚悟があった——が、われわれの原則でなく（とんでもない）、彼すなわちヘンダーソン氏の原則を実行しはじめるよう主張しなかったのか？　なぜ彼は、インドやエジプトからの撤退を要求しなかったのか？　なぜ彼は、そうすべき時に、大英帝国の軛からの完全な解放というアイルランド人の要求を支持しなかったのか？

われわれは、ヘンダーソンが、マクドナルドと同様に、イギリス帝国主義の行き過ぎに対して指定された日に悲しげな決議をすることで抗議を行なっていることを知っている。しかしながら、こうした弱々しい優柔不断な抗議は、未だかつてイギリス資本主義の利益を脅やかしたこともなければ、今もないし、また未だかつて勇気ある決然とした行動を引き起こしたこともなければ、今もないのである。彼らは、支配的民族の《社会主義的》市民の良心を宥め、イギリス労働者の不満のはけ口として役立つよう定められているにすぎない。彼らは、植民地奴隷の鉄鎖を打ち破るのを助けようとはしない。ヘンダーソン一派は、植民地に対するイギリスの支配を、政治的問題としてでなく、博物学上の一事象と見做しているのだ。彼らは、インド人、エジプト人その他の奴隷化された人民がイギリスの支配に抗して武装叛乱を起こす権利（否、それは彼らの義務である）を持っていることを一度も明言したことはなかった。あるいはまた彼らは《社会主義者！》として、解放をめざして闘争中の植民地に武装した支援を与えることを企てたこともなかったのである。この点についていえば明らかに、これがもっとも根本的な、超民主主義的な義務の問題であることにいささかの疑問の余地もないし、しかもそれは二つの理由——第一に、植民地奴隷は明らかに、支配者たるイギリス人極少数派に比較して圧倒的多数派を構成していること。第二に、この少数派自体、とりわけその公認の社会主義的部分が自己の存続のための指導原理として民主主義的諸原則を承認していること――によっている。インドは現に存在している。なぜヘンダーソンは、インドからのイギリス軍の撤退のために蜂起を組織しないのか？　というのも、イギリス資本主義の強固に統一された総力をあげての、この不幸な奴隷化された国の疲弊しきった人びとに対する支配ほど、あからさまで、破廉恥で、恐るべき民主主義の原則の蹂躙はありえないのだ！　ヘンダーソンやマクドナルドその他は、この民主主義の原則のすべてに対する悪逆無道な蹂躙に抗して、インド人やすべてのイギリス人労働者に向かってやむことなく警鐘を乱打し、要求し、訴え、弾劾し、革命を説くべきである、とわれわれには思える。ところが、彼らは沈黙をまもり、さらに悪いことに、時折りあきらかに煩しげに手ごろな決議――それは、イギリス人の説教と同様に陳腐で無内容であり、しかも彼らが一方では植民地支配を支持しながらも、その薔薇から棘はとり除きたい、あるいは少なくともその棘が忠節なるイギリス社会主義者の指を刺すことを認めるつもりはないと願う彼らの意図を暴露せざるを得ない――に署名するのである。ヘンダーソンは、《民主主義的で愛国主義的な》配慮によって大臣用の肘かけ椅子に泰然自若としてその身を落着けてはいたものの、その肘かけ椅子が世界でもっとも反民主主義的な台座――数においては取るにたらぬ資本主義者一味の、何千万というイギリス本国人を通じての数億にのぼるアジア・アフリカ人有色奴隷に対する支配――に支えられたものであることに、彼が衝撃を受けている様子はなかった。しかもさらに悪辣なことには、民主主義的外套に覆い隠されたこの恐るべき支配を擁護するという口実のもとに、ヘンダーソンは、厚顔無恥なロシア・ツァーリズムの軍事的・警察的独裁制と手を結んだのである。ヘンダーソン氏よ、君がイギリス戦時内閣の一員であったかぎりにおいて、君はロシア・ツァーリズムの一大臣でもあったのだ。

そのことを忘れないでくれ給え。

もちろんヘンダーソンは、グルジアあるいは彼を魅了している他の領土からロシア軍を立ち退かせるよう彼の保護者にして同盟者たるツァーリに要求するなど夢想だにしなかったに違いない。彼は、そうした要求をドイツ軍国主義を利するものである、と当時は語っていたはずである。彼は、グルジアにおけるツァーリに敵対したあらゆる革命的運動をアイルランドにおける蜂起と同じ光に照らして、すなわちドイツの陰謀と金貨の成果と見ていたのだ。

これらすべての恐るべき、はなはだしい矛盾と不一致に、ついには頭が混乱してしまう！　にもかかわらず、彼らは理路整然としているのだ、なぜならば、イギリスの支配、というよりもむしろ全人類の四分の一に対するイギリス上流階級の支配は、ヘンダーソンにあっては政治的問題ではなく博物学上の一事象と見做されているからである。すべてのフェビアン派と共に社会主義を骨抜きにし無気力なものとしたこれらの民主主義者たちは、これまで常に世論の奴隷であり続けたし、これからも常にそうであろう。彼らは、人種を皮膚の色やシェークスピアを読んでいない、あるいは硬いカラーをつけていないという事実によって差別する反民主主義的な搾取者、植民者、寄生虫の偏見に徹底的に染めあげられているのである。

かくて、ツァーリ下のグルジア、アイルランド、エジプトさらにインドのことをやましく思いながらも、彼らは、その同盟者にではなく、その敵対者たるわれわれに、ソヴィエト・グルジアの明け渡しをあえて要求するのだ。ところが、奇妙なことに思われるかもしれないが、この馬鹿げた、矛盾に満ち満ちた要求は、小ブルジョワ民主主義のプロレタリア独裁に対する敬意を知らず知らずのうちに表現しているのである。無意識的にせよ、半ば意識的にせよ、ヘンダーソン商会はこう言っている——「むろん、ブルジョワ民主主義（われわれは招聘された際、その大臣となった）が、民主主義的民族自決の原則を真剣にとりあげることは期待できない。われわれの奴隷所有を民主主義的虚構で隠蔽しているこの民主主義国の社会主義者や支配民族の尊敬すべき市民たちが、奴隷所有主に抗する植民地奴隷を援助することも期待できはしない。けれども、プロレタリア国家の形をとった諸君、つまり革命は、われわれが怯懦、虚偽、偽善のゆえになしえないそのことを果たす義務があるのだ」

換言すれば、彼らは、形式的には民主主義を他のすべてのものよりも尊びながらも、不合理な、馬鹿げているとさえ思われる要求が、彼らがその大臣や忠節なる代表となっているブルジョワ民主主義に対してつきつけられているならば、誰でもそれらをプロレタリア国家に押しつけることができるということを、好むと好まざると認めるのである。

しかしながら彼らは、プロレタリア独裁——彼らはこれを拒絶する——に対する不承不承の敬意をその政治的気まぐれに相応しいやり方で表明する。彼らはこの独裁が、それ自身の方法によってではなく、彼らが（行為によってではなく、言葉の上で）民主主義にとっては義務的なものであると考える方法——彼らはそれを自らに決して適用しはしない——によって、自己の権力を維持・防衛すべきであると要求したのである。われわれはすでに、このことを共産主義インターナショナルの第一宣言(62)においてとり扱ってきた。われわれの敵は、われわれが他ならぬフランス式決闘のルールに従って——つまりわれわれの敵手によって設定されたルールによって——自己の生命を守るよう要求しているが、彼らの方は、われわれに対する闘争に際してそうしたルールが自分たちを拘束するものとは考えていないのだ。

＊　＊　＊

後進的諸民族に関する《西欧民主主義》の政策ならびにその政策の中で第二インターナショナルのメンバーが果たした役割についての記憶を新たにし、観念をはっきりさせるためには、前フランス駐露大使、パレオローグ氏の回想録[63]を読むべきである。もしそうした本が存在していなかったとすれば、それに類した本を書く必要があったことだろう。われわれはまた、もしパレオローグ氏がわれわれのために時宜をえて文学の舞台に現われるという労をとってくれなかったとすれば、パレオローグ氏そのものを発明しなければならなかったろう。パレオローグは、ビザンチン的な名前と同様にビザンチン的精神をも備えた第三共和国の真の代表者である。戦争の初期にあたる一九一四年一一月に、わが貴婦人の一人が《上》(明らかにツァーリナ)からの命令に従って、彼にラスプーチンよりの敬虔な自筆の手紙を与えた。共和国の代表たるパレオローグ氏は、ラスプーチンの荘重な手紙に次のように応えた――「きわめて感受性に富んだフランス国民は、ロシア国民の祖国愛がツァーリの姿の中にその化身を見い出していることを申し分なく理解しております」

ツァーリの目に触れることを予想したこの共和国外交官の手紙は、一九〇五年一月九日[原註]の一〇年後に、そしてフランス共和国が、当時のパレオローグの言葉に従えば、フランス国民の祖国愛の化身であったルイ・カペー[64]を処刑してから一二二年後に書かれたことになる。ここで奇妙なことは、パレオローグ氏が、秘密外交上の不正行為に相応しく、喜んでこうした不潔な宮廷陰謀に関係して手を汚したということではなく、彼自らこの恥ずべき事実を彼がラスプーチンの宮廷できわめて不十分にしか代表していない当の民主主義の目にとまるよう仕向けた、ということである。しかもこのことは、彼が現在にいたるまで《民主的共和国》の著名な政治的働き手として留まり、重要な役職を占めることを何ら妨げはしなかったのだ！もしわれわれがロベスピエールで頂点に達しパレオローグに終わるブルジョワ民主主義の発展の趣きを知らなければ、これはまさに驚くべきことだったであろう。

（原註）ツァーリの軍隊が、ペトログラード労働者の平和的な代表団大衆を大殺戮した日。

この前大使の卒直さは、おそらくは彼のビザンチン的狡猾さを覆い隠す外套にすぎないだろう。彼は、われわれにすべてを語らないために、非常に多くを語るのだ。あるいは彼は、われわれの疑念や好奇心を鎮めようとしているにすぎないのかもしれない。われわれは、移り気で全能なラスプーチンによってどんな要求が彼に課されたのかを知っている。いったい誰がフランスと文明との利益を擁護するために、パレオローグがどのような方策を案出せねばならなかったかを知っていよう？

少なくとも一つのことは明らかである――すなわち、パレオローグ氏は、ソヴィエト権力はロシア人民の真の意志を代表してはいないと断言する用意ができており、さらにロシアとの関係の回復は正常に機能している民主的機関の手でロシアの政権がロシアのパレオローグ一派に引き渡される場合にのみ可能であろうと、執拗に主張しつつあるフランスの政治的潮流にこんにちでは所属していることである。

このフランス民主主義の大使は、孤立していたわけではなかった。彼と並んでブキャナンが立っていた。一九一四年一一月一三日（パレオローグにしたがえば）に、ジョージ・ブキャナン卿はサゾーノフ(65)に明言した――「イギリス皇帝陛下の政府は、海峡とコンスタンチノープルに関する問題がロシアの希望に沿った形で解決されねばならない、ということを承認した。これを貴下に伝えるのは本職の喜びとするところである」こうして、正義と道理と民族自決という戦争の綱領が定められたのである。四日後、ブキャナンはサゾーノフに公言した――「イギリス政府は、エジプトを併合せざるをえないであろう。ロシア政府がこれに対していかなる反対も行なわぬことを信ずる」サゾーノフは、速やかにその同意を与えた。その三日後、パレオローグはニコライ二世に、シリアとパレスチナは豊富な歴史的追憶と同時に精神的・物質的利害によってもフランスに結びつけられている、ということを「思い起こさせた」彼、パレオローグは、共和国政府（同じに民主主義共和国）が、これらの利益を保護するためにとる必要があると見做した諸処置を、皇帝陛下が認めてくださるよう希望した。

「*Oui certes*」（「もちろん、よろしい」）が陛下の御返事であった。最後に、一九一五年三月一二日になってブキャナンは、コンスタンチノープルと海峡の見返りとしてロシアはペルシアの中立地域（その地域は未だ分割されていなかった）を大英帝国に譲るべきである、と要求した。サゾーノフの回答は、「*C'est entendu*」（「了解した」）であった。かくて、協商国を光源とする民主主義の反射光に照り輝く、ツァーリズムと協力した二つの民主主義国は、コンスタンチノープル、シリア、パレスチナ、エジプトおよびペルシアの運命を決したのだった。ジョージ・ブキャナン卿は、フランスのパレオローグと同様、イギリス民主主義の立派な代表者だった。ブキャナンは、ニコライ二世の没落後もその地位に留まった。皇帝陛下の大臣にして、もし間違っていなければ、イギリスの社会主義者でもあるヘンダーソンが、ブキャナンと交代するために（それが必要だと仮定して）、ケレンスキー体制の時ペトログラードへやってきた、というのは、イギリス政府内の誰かが、ケレンスキーにはラスプーチンに対した時とは異なった調子で話すべきではないかと憶測したからである。ヘンダーソンはペトログラードを観察した結果、ブキャナンこそイギリス民主主義の代表としてまことにその地位に相応しい人間だったことに気づいた。疑いもなくブキャナンも、社会主義者ヘンダーソンと同意見を抱いていたのである。

パレオローグは、始末におえないツァーリの高官たちに《彼の》社会主義者たちを手本として示した。戦争の早期終結を求めるウィッテ伯の宮廷《煽動》に関連して、パレオローグはサゾーノフへこう公言した――「れわれの社会主義者たちとその非のうちどころない態度をご覧下さい」（一八九頁）ルノーデル、ロンゲ、ヴァンデルヴェルデ諸氏ならびにその追随者たちについてのパレオローグのこうした要約は、われわれはそれを卒業したとはいえ、今なおやはり驚くべきことである。ラスプーチンの忠告を受けとり、丁重に礼を述べたパレオローグは、そのお返しにツァーリの大臣に向かって、フランス社会主義者たちについての彼の身贔屓な評価を表明し、彼らの態度の正しさを認めてみせたのである。「*Voyez mes socialists――ils sont impeccables*」（「わが社会主義者たちをご覧下さい――彼らには非のうちどころはありません）というこれらの言葉は、第二インターナショナルの旗――それから「全世界の労働者よ、団結せよ」との合言葉が取り除かれてから久しい――を飾る合言葉となるべきだ。この合言葉は、フリジア帽（原註）がパレオローグに似合うように、ヘンダーソンに良く似合う。

（原註）フランス革命の象徴。

ヘンダーソン一派は、アングロ＝サクソン人種の他人種に対する支配を、文明の普及を保証する当然の事実であると考えていた。彼らにあっては、民族自決問題は大英帝国の境界を越えたところではじめて問題とされるのである。この民族的傲慢さは、西欧の社会愛国主義者とブルジョワジーとの間の主要な環である、言い換えれば、それは彼らを自己のブルジョワジーの奴隷とするものなのである。

戦争の初めの頃、フランスの一社会主義者（スイスの大学教授）が、ツァーリズムとの同盟は民主主義の防衛ということとどう一致させうるのか、というきわめて当然な疑問に次のように答えた――「それはフランスの問題であって、ロシアの問題ではない。この闘争においては、ロシアが物質的な力であるのに対してフランスは精神的な力なのである」彼は何かきわめてあたりまえのことのように、しかし自己の発言にみられる破廉恥な主戦論にいささかの良心の呵責を感じる様子もなく、こう述べたのだった。その一か月か二か月後、パリにある「リュマニテ」の事務所での同じ主題についての討論の中で、私は、ジュネーブにいるそのフランス人教授の言葉を引用した。

「彼はまったく正しい」と当時のその新聞の編集者は答えた。

これを聞いて私は若きルナン[66]の言葉を胸に想い浮かべた――カザーク（ルナンはロシア人を意味している）の死は肉体的事実であるのに対して、フランス人の死は精神的出来事である。この恐るべき民族的尊大さには、それなりの理由がある。フランス・ブルジョワジーは、他の人間が依然として半中世的な未開状態にとどまっていた時に、すでに輝かしい歴史的経歴を持っていた。イギリス・ブルジョワジーは、新たな文明への道を拓くに際してフランス人に先んじてすらいた。このため、残りの人類に対する侮蔑的態度が生じ、彼らはそれらを歴史の肥料《こやし》として扱ったのである。イギリス・ブルジョワジーは、その自信、豊富な経験、多様な文化的成果の上に立って、自己の労働者階級の自由な道徳的、精神的発達を妨害し、その心を支配階級の心理学で毒することとなった。

ルナンの口を借りたフランス人とカザークについての成句は、物質的にも精神的にも強力な階級によるシニカルな誇りの表現であった。この同じ成句がフランスの社会主義者によって裏表ひっくりかえされると、それはフランス社会主義の自己卑下、その精神の枯渇、ブルジョワジーの豊かな食卓より落ちる精神のおこぼれにすがるというそのまったくの下司根性を表わすことになる。

もしパレオローグが、ルナンの成句を気どって、フランス人の死はロシア人の死よりも比較にならないほど文化にとって大きな損失であると言うとすれば、この同じパレオローグは、フランスの百万長者たる株式仲買人、教授、弁護士、外交官あるいはジャーナリストの戦場における死は、フランスの旋盤工、繊維労働者、雇われ運転手あるいは農民の死よりも比較にならないほど文化にとって大きな損失を意味していると言っている（少くとも仄めかしている）ことになるのだ。一方は、もう一方の論理的帰結なのである。貴族的な民族感情は、本来は社会主義と矛盾するものである――それは、すべての民族、すべての人間は文化という秤の上では平等であるといったのっぺらぼうの、感情的なキリスト教的意味ではなく、ブルジョワ的保守主義に緊密に結びつけられた貴族的民族感情は、ただそれだけがいっそう高度な文化への諸条件を創り出せる社会革命に、まったく完全に敵対するものであるといった意味においてなのだ。民族的貴族は、人間の文化的価値を過去に立脚して評価する。社会主義は、人間の文化的価値を未来に向けて考察する。フランスの外交官パレオローグが、たとえばタムボフ県の一農夫よりは一段と豊かな文化の賜物をまき散らしていることは否定しえない。ところがもう一方では、棍棒を手にして地主や外交官どもを追い出したそのタムボフの農夫が、新しい、より高次の文化のための礎石を築きあげたこともまた否定しえないのである。フランスの労働者と農民は、その高度に進んだ文化のおかげで、このことをより良く為し遂げ、またこれに向けてより速やかに前進するであろう。

われわれロシアのマルクス主義者は、ロシアの発展の立ち遅れのおかげで、強大なブルジョワ文化に悩まされることはなかった。われわれは、みじめなわが民族ブルジョワジーを介してではなく、独自にヨーロッパの精神文化と結びつくこととなった――われわれは、ヨーロッパの経験と思想とのもっとも革命的な成果を吸収し、それらを最高点にまで発展させたのである。このことは、わが世代の人間に、いくつかの利点を与えてくれた。卒直に言おう――人間の創造的努力の多様きわまりない分野におけるイギリス精神の産物を考究する際にわれわれが抱く偽らざる心底からの熱意は、イギリス社会主義の公式指導部を特徴づけている精神的狭量さ、理論的平凡さ、革命的権威の欠如を目のあたりにする際にわれわれが抱く偽らざる心底からの軽蔑を、いっそう鋭く、無慈悲に強調しているにすぎないのだ。彼らは新たな世界の使者ではない――彼らは、来たるべき運命に自ら不安を表明している旧き文化の生き長らえた置物にすぎない。そして、これらの遺物どもの精神的不毛さは、ブルジョワ文化の放蕩三昧な過去に対する一種の報いのように思われる。

＊　＊　＊

ブルジョワ精神は、人類の偉大なる文化的業績の幾分かを吸収してきた。にもかかわらず、それは現在では人類の文化的発展に対する主要な障害となっている。

この時代を発展させるもっとも強力な挺子と自らをなしているわが党の主要な長所の一つは、ブルジョワ的世論からのその完全な、絶対的な自立性にある。この言葉は、一瞥した時よりもはるかに多くのことを意味している。このことは説明する必要がある。とくに、われわれが第二インターナショナルというような恩知らずな一派を聴衆として想定する場合には。ここでは、革命的思想の一つひとつが、どんなに単純な真理であっても、最大の注意をもって守りぬかれねばならない。

ブルジョワ的世論は致命的な革命の衝撃——しかしこれは終局的には避け難いものだが——からと共に、いかなる偶発的な衝撃からもブルジョワジーを護っているブルジョワ的暴力の道具や手段を全面的に覆い隠す精密な心理的織物である。現実のブルジョワ的世論は、二つの部分から成っている——一つは、陳腐な非合理性と御都合主義的無感覚さとが厚い層をなしている過去の化石化された経験そのままに継承されてきた見解、行動、偏見であり、もう一つは、愛国的感情、道徳的憤激、民族的熱狂、愛他的感傷、あるいはその他の嘘や偽瞞などを動員するのに必要とされる複雑な機構と巧妙な管理運営である。

これが一般的図式である。だが、補足的説明のためにいくつか例をあげることが必要である。飢饉に襲われたロシアで、イギリスとフランスの資金援助を得て労働者階級の首に絞首索をまきつける手助けをしていたカデットの一弁護士が獄中でチフスのために死んだ時、ブルジョワ的世論の無電やケーブルは、スノーデン夫人一族の感受性に富んだ良心に憤激の波を巻き起こすために十二分な量の情報を打電した。小ブルジョワの頭蓋骨が蓄音器として役立たなかったとしたら、そうした資本主義の無電やケーブルの悪魔的な所業が、ことごとく無益なものとなり果てたであろうことは、まったく明らかである。

他の例——ヴォルガの飢饉——をとってみよう。未曾有の災害という様相を現在呈してきているこの飢饉は、少なくともその半分は、チェコスロバキア人とコルチャークとによって、すなわち、これを組織し扶養していた英＝米およびフランス資本によって、ヴォルガで引き起こされた内戦の結果なのである。早魃がこれに加えて、すでに疲弊し荒廃し、役牛、農器具類その他の備蓄を失っていた土地の上に襲いかかった。これに対してわれわれは、幾人かの将校や弁護士を投獄した（これをわれわれは人道主義の模範例としてあげるつもりはいささかもない）、すると、ブルジョワ・ヨーロッパやアメリカは、何億もの住民を有するロシア全体を巨大な飢餓監獄として描き出そうと試みた。彼らは封鎖の城壁をわれわれの周囲にはりめぐらし、一方では彼らに雇われた白衛軍の手先きどもがわれわれの乏しい貯えを破壊するために爆弾とたいまつを用いていた。もし純然たる道義性という秤を扱える人間が誰かいれば、世界資本主義が未払いの貸付金利を求めてヴォルガの母親たちの頭上にふりまいた厄災に抗する、全世界に抗する、われわれの死活を賭けた闘争においてわれわれが採ることを余儀なくされている苛酷な非常措置を、量ってもらおう。それでもなお、ブルジョワ的世論という機械は尊大な自己正当化を行ないつつきわめて整然と作動し、中産階級のクレチン病はきわめて得難い蓄音器の役を演じているので、その結果、スノーデン夫人はその過剰なる憐憫の情を……わが国にいる哀れな、虐げられたメンシェヴィキどもの上に注ぐことができるのである。

ブルジョワ的世論の威厳は、社会改良主義者の活動にとっては、ブルジョワ法などよりも、いっそう越え難い障壁である。その体制がより《民主的に》、より《自由主義的に》、そしてより《自由に》なればなるほど、その国の社会主義者はそれだけ体制側の信用を増し、ブルジョワジーの世論の前に拝跪する国民的労働党はそれだけ愚かさを増すということは、現代資本主義政治における法則と見做されてもよいだろう。マクドナルド氏の魂の中に内なる警官が駐在しているというのに、なぜ目に見える警官に彼を補導させる必要があろうか？

ここで、聖なるものに対する畏怖をその骨子とする問題を、われわれは回避するわけにはいくまい。私は、宗教のことを言っているのだ。ロイド・ジョージが教会をあらゆる党派や潮流の、すなわちブルジョワ的世論全体の中央発電所と呼んだのは、さほど遠い昔のことではなかった。このことは、イギリスに関しては、とりわけ真実である。もちろん、ロイド・ジョージがその政治についてのまことの霊感を教会から得ているとか、チャーチルのソヴィエト・ロシアに対する憎悪が天国へ入りたいという彼の燃えるような希望に基づくものであるとか、カーゾン卿の覚書は山上の垂訓からじかに写しとられている、とかいう意味においてではない。そうではないのだ！　彼らの政治の推進力をなしているのは、彼らを権力の座につけたブルジョワジーの現世の利益そのものである。ところが、かの《世論》は——ただそれだけが政治的強制装置を円滑に作動させうる——その主要な源泉を宗教に見い出しているのである。個々人、階級、さらには社会全般に対して適用されてきた一種の観念の笞としての法的拘束は、宗教的拘束——搾取されている人間の頭上にふりかざされるあの神聖なる笞——の飾りを取り払った応用品にすぎない。結局のところ、失業中の波止場人足に、形式的な議論の力を借りて民主主義的合法性の神聖不可侵を信ぜよと強制することは絶望的なことなのだ。ここで第一に重要なことは、重い警棒を手にしたこの世の警官か、それとも彼の上に君臨する天空の雷で武装した至聖なる大警官《スープリーム・ポリスマン》か、という実体的な議論なのである。だが、《社会主義者》の心中でさえブルジョワ的合法性に対する物神崇拝がドルイド(67)の時代に対する物神崇拝と一対になっている場合には、われわれは結果的に、理想的ともいえるかの内なる警官を得ることとなる——この内なる警官の援けがあれば、ブルジョワジーは（少なくとも当面の間は）民主主義的儀式を大筋において遵守するという贅沢を自らに許すことができるのだ。

社会改良主義者の背信や裏切りについて語る時われわれは、彼らのすべてが、あるいはその大多数が、たんに買収されているにすぎないというふうには決して断言したくない。もしそれだけのことであれば、彼らは決してブルジョワ社会によって与えられた重大な役割のために真剣に尽くそうとはしなかったろう。中産階級の人間の虚栄心が、野党の国会議員になることや、ましてや帝国政府の閣僚となることで満足させられる程度を推し測ることは――もちろん、そうした感情は大いにあるわけだが――下らぬことでさえある。

平穏無事な日々には彼らが野党の立場をとることを許容していたその同じブルジョワ的世論が、ブルジョワ社会の存亡あるいは少なくともそのもっとも重要な諸利益が危険にさらされる瞬間――戦争、アイルランドやインドにおける叛乱、炭鉱の大ロック・アウト、ロシアにおけるソヴィエト共和国の出現――には、資本主義的秩序にとって必要な政治的立場をとるよう彼らを強制しうることを立証したのだ、と述べるに留めておこう。ともかくも、ヘンダーソン氏の人となりに巨人の如き相貌を重ねてみようなどということは止めて、《労働党》の頭目としてのヘンダーソン氏はイギリス・ブルジョワ社会の至宝的存在である、というふうにわれわれは自信をもって想定してよい。というのは、ヘンダーソン一派の頭の中では、ブルジョワ的薫陶の根本原理と社会主義の断片的な切り屑とが、宗教という伝統的なセメントで一つに接合されているからである。イギリス・プロレタリアートの経済的解放という問題は、搾取者の世論に対する被搾取者の気弱な、畏縮した、臆病な、卑劣な屈服の具体的表現であるそのような指導者、組織、気分を労働運動から一掃しないかぎりは、真剣に提起されえない。目に見える警官が打倒される以前に、内なる警官が叩き出されねばならないのである。

共産主義インターナショナルは、労働者に、こうしたブルジョワ的世論を侮蔑をもってとり扱い、さらにはブルジョワジーの掟の前にはいつくばるこれらの《社会主義者ども》をなによりもまず蔑むよう教えている。それは、虚勢からくる侮蔑とか詩的な弾劾や呪いといった問題などではない。ブルジョワジーの詩人たち自身も、とくに宗教、結婚、家族といった諸問題に対するその大胆な挑戦を通じて、一再ならず勇敢に弾劾や呪いの声を響かせたのだ。それは、ブルジョワジーの精神的誘惑や落し穴に抗うプロレタリア前衛の深い内面的自由の問題であり、言葉でなく行動で、弾劾によってでなく必要とあらば足蹴にしてでも、ありとあらゆるブルジョワ的掟を粉砕し、自ら設定し同時にまた歴史の客観的要請でもある革命的目標へ向けて自由に進撃することをプロレタリアートに許すであろう新たな革命的世論の問題なのである。

〔附〕全世界の労働者へのグルジア・ソヴィエト大会の宣言

われわれ、第一回グルジア・ソヴィエト大会に結集した勤労大衆の代表は、全世界の搾取者に抗して闘いつつあるすべての被抑圧労働者に、われわれの兄弟的挨拶を送ると共に、《独立グルジア》への共感という偽りの口実にかこつけて、今日にあってさえ、われわれが獲得した労働者・農民権力に対する新たな攻撃を準備しつつある抑圧者やその下僕どもに満身の怒りをこめて抗議する。グルジアはツァーリ帝国の一部であり、暴力と抑圧の鉄鎖によってそれに繋がれていた。全ロシアの労働者階級との完全な一致協働の下に、グルジア勤労大衆は多年にわたってツァーリ専制、大地主、ブルジョワ的搾取と仮借ない闘争を行なってきた。勤労大衆の側における政治的経験の欠如のゆえに、この闘争の主導権は長年の間グルジアの小ブルジョワ的知識人の手に移っていた。彼らは、メンシェヴィズムの旗の下に、専制政治や大地主、なかんずくブルジョワジーと交渉し妥協をはかることで労働者大衆の闘争を弱めた。

帝国主義戦争を通じて、グルジアの支配者メンシェヴィキ党は、勤労大衆の意識にブルジョワ的愛国主義の毒を注入することによって第二インターナショナルの裏切的指導部と共同歩調をとった。

一九一七年二月革命によってツァーリズムが転覆されると、中産階級的メンシェヴィキ党および社会革命党はロシア全土において一時的に権力を握った。その中での重要な役割はグルジア・メンシェヴィズムの指導者たち、チヘイゼ、ツェレチェリその他によって演ぜられたのである。

国際政治の領域におけるメンシェヴィキの合言葉は、他のすべての小ブルジョワ諸党派と同じく、帝国主義的協商国側に立った戦争の継続であった。

対社会的には、メンシェヴィキはブルジョワ的秩序の維持に努めた。

政治的には彼らは、ブルジョワ的支配を《民主的共和国》——これが支配者たる資本主義者一派の手中にある道具にすぎぬことは世界的経験によって明らかにされている——の名の下に覆い隠すことが必要だと考えた。

その民族的政策においてメンシェヴィキは、ツァーリの牢獄に封じ込められたフィン人、ウクライナ人その他の諸民族の民族的諸要求に決定的な敵対行動をとることで、すべてのブルジョワ的、小ブルジョワ的諸党派と一致した。

グルジア自体においても彼らは、抑圧者に抗する勤労大衆の闘争を可能なかぎりの手段をもって妨害し、土地問題の解決を邪魔し、ツァーリ政府に雇われていた官吏を使用する等々のことを行なった。

メンシェヴィキ諸新聞は、公然たるブルジョワ新聞・雑誌と完全に同調して、労働者・農民に向かってボリシェヴィキを革命の敵、ツァーリの手先であると讒言する反ボリシェヴィキ=中傷キャンペーンに全力を傾注した。政治闘争の歴史上、未だかつてこれほど卑劣で悪意に満ちた虚偽のキャンペーンはなかった。

ほとんど無血のままにケレンスキーとツェレチェリの腐敗した政府を打倒したペトログラード一〇月革命の後、メンシェヴィキは労働者・農民ソヴィエトに敵対して国中のすべてのメンシェヴィキ、社会革命党、カデット、それに《黒百人組》を一つの陣営に結束させた内戦を主導した。あらゆる障害が克服され、ロシアのほぼ全土において労働者が勝利を収めると、グルジア・メンシェヴィキはザカフカース全体をソヴィエト共和国から切り離し、それを独立したブルジョワ国家にしようと試みた。ロシア労働者階級との絆を断ち切った後、彼らはグルジア民族主義、アルメニア《ダシナキ》、アゼルバイジャン・ムサヴァチストに代表されるブルジョワ＝地主一派と結託した。メンシェヴィキの指導の下に、ザカフカース全体が発展しつつある労働者・農民革命を粉砕するための反革命の塹壕へと作り変えられたのである。

かくてメンシェヴィキの指導下に労働者に対する搾取者の支配が、民族的基盤に沿ってではなく階級的基盤に沿ってロシアから分離したザカフカースの地にうちたてられた。メンシェヴィキは、行政および警察機構を握り、ザカフカース全土を一色に塗りつぶし、そのグルジア支配は放縦をきわめた。

ザカフカースへのトルコならびにドイツの干渉は、ブルジョワおよび中産階級戦線における異なった民族諸分派間の抗争を尖鋭化させた。メンシェヴィキは、これをザカフカースの分割と明白なグルジアの独立言言のための好機と判断したのである。メンシェヴィキは、自分たちがカイゼルとサルタンの軍隊によって北からの脅威に対して十全に護られていると看てとるや、各地で頻発しつつあった労働者のストライキや農民の叛乱を仮借なく弾圧した。ちょうどかつてグルジア・メンシェヴィキが――チヘイゼとツェレチェリという姿をとって――フィンランドやウクライナ人民の自治権を弾圧しようと試みたように、今度は彼らはグルジアで炎と剣とをもってアブハジア人、アジャリア人、オセチア人たちの民族主義的傾向と戦うこととなった。

ドイツ軍国主義の崩壊とともに、メンシェヴィキ・グルジアはその飼主を変えたが、その外交あるいは国内政策を変えたわけではなかった。彼らは、今度は協商国帝国主義者どもの手先きとなったのである。彼らは、ロシア南部のあらゆる反革命勢力と恒常的関係を維持していた。彼らは、ロシアを傷つけ損うものであれば、いかなる手段を採ることも躊躇しはしなかったのだ。当然にも、共産党は決定的に非合法下へと追い込まれ、反対に秘密警察はブルジョワ共和国の偉大な栄光のために活躍した。

イギリス軍によるバトゥーム占領期間中は、ソヴィエト・ロシアに対するグルジア・メンシェヴィキの方針はことに高慢無礼で、挑発的なものとなり、《民主的グルジア》は明らかにヂェニーキンにとってその作戦上願ってもない隣人となったのだった。

一九二〇年初頭、赤軍がヂェニーキンを撃破し、ザカフカース国境へ迫ると、民族主義的党派の虚構に満ちた支配は揺すぶられた。強力な革命的精神が、勤労大衆を嵐のようにおし包んだ。赤軍はすでにこの時点で、メンシェヴィキと協商国の軛からの久しく待望された解放者としてグルジアに入ってもよかったのだ。階級意識に目覚めた労働者や農民は、赤軍を待ち望み、ソヴィエト政府の救援を大声で求めていた。だがロシア・ソヴィエト政府は、労働者・農民が血を流すことを欲さず、またグルジアおよびロシア双方の労働者・農民間に強固な平和を築きたいという願いを実現するために、グルジアに対する赤軍の進撃を中止し、一九二〇年五月に講和条約に署名したのである。

しかしながら講和条約締結のまさに第一日目より、メンシェヴィキは計画的にこの条約を破りはじめた。彼らは、ソヴィエト政権がすみやかに倒壊し、ロシアにおける労働・農民革命は最終的に粉砕されるだろうとの望みを抱いて、公然・非公然たるを問わずソヴィエト・ロシアのありとあらゆる敵を援助しはじめたのであった。だが、これらの諸君は、無残にも誤ちを犯していたのだ。

一九二〇年秋のポーランド戦争の終結とヴランゲリの敗北とは、反革命戦線における一翼を形成するグルジアの不可避的な倒壊を招くこととなった。グルジア・メンシェヴィキとの協定に関する経験――彼らはこれを恐るべき二心と先例のない裏切りをもって踏みにじった――から学んだロシア・ソヴィエト共和国は、もちろん、グルジア・メンシェヴィキ政府に対してグルジア勤労大衆が遂行しつつあった闘争の圏外に留まることはできなかったし、ソヴィエト連邦の労働者と農民が、ブルジョワや地主に抗して叛乱を起こしたグルジア人大衆の支援に駆けつけるということは、当然すぎるほど当然のことであった。

赤軍諸部隊は、革命の最中にある国へ解放者として入った。メンシェヴィキの手で創設されたグルジア国軍は、赤軍諸部隊と交戦することを拒否し、反対に彼らと交歓したのである。メンシェヴィキ政府は、革命の裏切者ときめつけられ、打倒され、グルジア人民の財産もろとも協商国の船へと逃れた。

この資金は現在、ソヴィエト連邦共和国および赤軍に敵対して向けられている虚言の支払いにあてられつつある。

カウツキー、ヘンダーソン、マクドナルド、ユイスマン等々といった第二インターナショナルの指導者たち、指導的帝国主義的政治家たち、それに国際株式市場の御用新聞は声をそろえて――彼らの言によれば――ソヴィエト帝国主義によって粉砕されたグルジア《民主主義》に対する熱烈なる同情を表明している。しかしながら、グルジアの真の勤労大衆を代表するわれわれは、このソヴィエト大会に結集したグルジアの労働者・農民たるわれわれは――われわれは、この虚偽に満ちた破廉恥な国際的茶番劇を汚辱の柱に釘づけにする。われわれは、ヘンダーソンやヴァンデルヴェルデの猫かぶりの同情を、われわれが彼らの旦那がた――イギリスやフランスの銀行家たち――の憐憫を拒否した時と同じ嘲笑と憤慨をもって拒否する。

グルジア・メンシェヴィキの資本主義的、社会民主主義的庇護者たちは、全住民の意向を問うと称して、協商国がシレジア、東部がリツィア、リトアニア、アルメニア等々ですでに実施したか、あるいは実施しようとしたのと同じ型の国民投票をグルジアで組織することを提案してきている。そうした国民投票の結果なるものが、人民の意志を民主主義流に改竄し茶番化することが必要であると考える者にとってはじめからわかりきったものとなっていることは、いまさら述べるまでもない。グルジアの勤労大衆はずっと以前より、最初はメンシェヴィキに対する一連の連続的叛乱によって、次いで都市ならびに農村ソヴィエト選挙において、そして現在は勤労大衆の全グルジア・ソヴィエト大会において、自己の偽らざる真情を表明してきた。これは、グルジアの勤労人民の政治的経験、感情、願望のもっとも正確で真正な表現なのである。

われわれは、ソヴィエト共和国の存在が脅かされるかぎり、また全世界の労働者が強盗的帝国主義者どもの権力を打倒し、全人民の平和的・兄弟的協働のための真の保証を創り出すまでは、赤軍を必要とする。われわれグルジアの労働者・農民は、ソヴィエト共和国のすべての労働者・農民および赤軍そのものと共に、帝国主義が最終的に打倒されて、赤軍が動員解除され、わが同胞が田畑や工場における平和的な労働に復帰できるようになる日を心より待ち望んでいる。

ヨーロッパおよび全世界の勤労男女子、農民、労働者諸君！

われわれの——と同時に諸君の——敵の虚言や中傷を信じてはいけない。諸君の兄弟たるグルジアの労働者・農民の声に耳を傾けてくれ給え。赤軍は、外国による抑圧の道具では断じてなく、労苦する者の解放闘争におけるわれわれ自身の手段なのだ。それを構成する諸連隊は、偉大なるソヴィエト連邦の全人民の代表を包摂しており、友愛と連帯の精神に鼓舞されている。赤軍は、いかなる民族的な区分も抗争も知らない。それは、すべての国の労苦する人民の利益を平等に防衛するものである。破産したメンシェヴィキや協商国の手先ども――ジョルダニア、ツェレチェリ、チヘイゼの諸氏――は、人民から彼らが盗んだ資金でまかなっている偽りに満ちたキャンペーンを通じて、ザカフカースに対する外国帝国主義者の新たな軍事的干渉のための好条件を創り出そうと目論んでいる。同時にジョルダニアは、帝国主義者の首脳会議ならびに黄色社会民主主義インターナショナルに哀訴している。われわれはといえば、われわれは、ヨーロッパおよび全世界の勤労大衆に、帝国主義者とありとあらゆる類のその下僕どもの新たな陰謀に対して革命的抵抗を示すよう呼びかける。

先進的労働者諸君！　全世界の労働者に、グルジア史上初めて国家権力が労働者と農民のものとなったことを告げ知らせてほしい。この権力を、われわれはしっかりと握りしめ、なにものにも譲り渡しはしない。われわれは、全世界の労働者と農民の前に、メンシェヴィキは三年半におよぶその支配を通じてグルジア労働者のためには何ひとつ為さなかったことを断言する。そればかりかグルジア農民もメンシェヴィキから約束された土地を受け取りはしなかったのだ。メンシェヴィキは、その権力の座にあった全期間を通じて、国内外の平和を回復しえなかった。その政策の故に、彼らはソヴィエト・ロシアばかりでなく、隣接する諸共和国をも敵にまわしたのである。しかも――最悪なことには――彼らは自国内の異民族間の関係を極度に険悪なものとした。グルジア内部における多くの血腥い衝突は、彼らの民族主義的、好戦的政策に基づくものであった。

これに反してソヴィエト権力は、きわめて短期日のうちに、こうしたもっとも困難な諸問題を解決済みとした。働く者はすでに土地を得てもはや農業面での搾取は姿を消し、国内にあってはあらゆる民族相互間の平和が回復され、グルジアをとりまくソヴィエト国家ならびに非ソヴィエト国家との平和的・友好的関係が樹立された。グルジアでソヴィエトが権力を掌握したこの一年間に、対外的平和と国内的平穏とが乱されたことは一瞬たりともなかったのだ。

われわれは、すべての人民との平和で、友愛に満ちた協働のうちに生きてゆきたいと願っている。われわれは、長年にわたって帝国主義者と内戦とによって破壊されたわれわれの経済的生活を再建しつつあり、しかもわれわれは、ちょうど内戦の戦線で勝利を収めたように経済戦線においても日ならずして勝利するであろう、ということを躊躇することなく明言する。

万国の聡明で誠実な兵士・水兵諸君！　諸君の同胞へ、ブルジョワ的グルジア再興への途はただグルジア労働者・農民の屍を踏み越えてのみ可能であることを告げ、教えてやってほしい。われわれは、惨めで憎むべきメンシェヴィキの似而非民主主義を再興せんとするいかなる企みにも、「自由か死か」の雄叫びと共にこぞって起ち上がるであろう。ソヴィエト・アルメニア、ソヴィエト・アゼルバイジャンそれに全ロシア社会主義連邦共和国とのわれわれの盟約は、うち固められてきたし、こののちも決して揺らぐことはないだろう。

ヨーロッパならびに全世界の労働者、男女子、勤労農民諸君！　われわれは、万国の勤労大衆の連帯と友愛に満ちた団結への想いをこめて、この兄弟的アピールを送る。

ソヴィエトの権力万歳！　世界プロレタリア革命万歳！

大会最高幹部会――マハラーゼ、ムジヴァーニ、ドムバーゼ、オラヘラシヴィリ、トロシェリーゼ、ゲゲチコーリ、トドリア、ガグロエフ、ラコバ、グロンチ、オクアシヴィリ、パピアシヴィリ、ヴァルヴァラ、オクジャーバ、マムーリヤ、ストゥルア、ヒムシアシヴィリ、ヴァラミシヴィリ、ナザレチャン

チフリス　一九二二年二月二六日

「トロツキーは、征服による革命という観念を、つねに否認し非難しつづけた。しかし、グルジア問題についての特殊な意見の相違を公然と論議し、またもや政治局の共同責任を軽んじるのは、正当でないと感じた。ばかりでなく、西欧の社会民主主義政党の指導者たち、カウツキー、マクドナルド、ヘンダーソンその他が、赤軍のグルジア撤退を要求する叫びをあげたときは、トロツキーもしっぺい返しをする仲間に加わって、パンフレット〔本書——訳者〕を書いた。そのなかで彼は、短かい一節を侵入問題に当てたにすぎなかった。外国のすっかり羽毛の生えそろった革命を援助するのは、赤軍の権利である、と彼は主張した。だが、そんな革命がグルジアに起こっていたかどうか、という問題は回避し、その代わりに、社会民主主義批評家たちのロシア革命、植民地諸民族の運命などに対する態度の矛盾を鋭く暴露することに論鋒を集中した。彼の炎のような気質を傾倒して、ソビエトの仇敵たちや微温的な友人たちを向うにまわし、彼は正邪を問わず、ソビエトを擁護した。したがって、世界の眼からすれば、彼はグルジア侵入に対して主要責任を負う者のように見えた。……彼は革命を支持し、征服に反対したが、革命が征服へ導き、征服が革命を促進するに至ったとき、ジレンマにぶつかった。それは彼の観点からは、いかなる満足な解決も許さないジレンマだった。彼は革命的征服への反対を、公然たる対立にまで押し進めなかった。また他面、彼は次のような半ば警告、半ば呪詛じみた、示唆に富んだ言葉を世に残した——『銃剣を突きつけて革命を外国へ持ちこもうと欲する人間は、その首に石臼をくくりつけられたがよかろう……』」（ドイッチャー『武装せる予言者』邦訳四九三―四頁）。

＊　＊　＊

本書は、Leon Trotsky, Between Red and White, Communist Party of Great Britain, 1922, London. の全訳である。英語版を底本として用いたが、ロシア語版に較べて人名の落とし等の粗雑さが目立つ（おそらくは政治的要請による拙速主義の故かと思われる）ため、ロシア語版トロツキー著作集第一二巻所収の Троцкий, Между империализмом и революцией, 1925, м-л. を参照しつつ、不精確と思われる個所については極力チェックした。したがって、各章の見出し等は、ロシア語版に準じている（この作業は畏兄藤本和貴夫氏の手をわずらわせたことを記しておく）。なお、書名は、ロシア語版では「帝国主義と革命の狭間に」となっているが、あまり一般的なので英語版の書名に多少の象徴性を込めて、表題の如くにした。ロシア語版、英語版ともに「グルジアに見る革命の根本問題」というサブ・タイトルがつけられている。

さて、本書は、序文においてトロツキーが述べていることからも、またロシア語版トロツキー著作集において本書が『テロリズムと共産主義』の直後に収録されていることからも、さらにはまた後述するジェノア会議を頂点とする本書の直接の成立事情からも、明らかに対外的にソヴィエト革命を擁護する目的をもって書かれた政治的性格の濃い一書である（因みに『トロツキー・ペーパーズ』第二巻六六九頁では、ドイツ語版もほぼ時を同じくして刊行されたことが記されている）。しかしながら、本書がこれまで紹介されてこなかったということは、こうした本書の政治的性格にのみ起因するものではなかろう。むしろ本書においてとり扱われているグルジアその他のソヴィエト化の問題、即ちロシア革命と民族問題といったことをいわば革命のエピソードとして簡単に流してきたという、われわれの姿勢こそ真に問われるべきなのである。われわれは、本書によって、革命の民族問題が、一片のテーゼで整理されてしまうようなものでは決してなく、あくまで生々とした、具体的な、弄ぶことを許さぬものであることをあらためて学ぶ。その意味で、革命の守護者トロッキーからはしばし目を転じて、彼の擁護した革命の《グルジア》という襞《ひだ》にわけ入ってみたい。

＊　＊　＊

一八九八年●八月　ヨシフ・ジュガシヴィリ・スターリン、チフリスの最初の社会民主主義的団体メサメ・ダシに参加。これはジョルダニア、チヘイゼ、ツェレチェリ、ラミシヴィリ、トプリーゼ、ジブラーゼ等が一八九八年の創立以来合法的経済主義路線をとっていた。ジュガシヴィリは政治闘争を主張する左派＝少数派に属す。爾来グルジアは「二〇年の間、メンシェヴィズムの城砦として留まった」（トロッキー『スターリン』邦訳八三頁）。即ち、一九〇六年四月の社会民主党ストックホルム統一大会では、グルジアからの代表一一名中一〇名がメンシェヴィキであり、一九〇五年一二月の第一国会より一九一二年一一月の第四国会までグルジアを代表したのは例外なくメンシェヴィキであり、ボリシェヴィキは「あそこに一人、こっちに一人数えられる状態」（同書）であった。

一九一七年●一〇月　スターリン、民族人民委員となる。●一一月二日　すべての人民に自決権を無条件に認める「ロシア諸民族権利宣言」および「ロシアならびに東洋のすべての回教徒勤労者に」●一一月一

五日　ザカフカース委員部、チフリスで創設され、議長にメンシェヴィキのゲゲチコーリが就任。ロシア・ソヴィエト権力を否認。●一二月　ロシア・ソヴィエト政府、ブルジョワ的フィンランド政府の独立を承認。
一九一八年●三月　ブレスト＝リトフスク条約。これはグルジアのバトゥーム、カルス両県およびアルメニアのアルダハン地区をトルコへ割譲することを含んでいた。ザカフカース委員部は、これを不承認。●四月　トルコ軍がバトゥームを占領し、ザカフカース委員部はこれに屈してブレスト＝リトフスク条約を承認し、この事態に対応するためにザカフカース連邦共和国（グルジア、アゼルバイジャン、アルメニア）の独立を宣言。●シャウミャーン、ジャパリーゼ等のボリシェヴィキ、バクー・ソヴィエトを樹立。●五月　ザカフカース連邦共和国、対トルコ講和をめぐって解体。即日、グルジア共和国の独立宣言。アゼルバイジャン、アルメニア各共和国も成立。この数週間後、トルコ軍の侵攻により、アルメニア共和国は消滅、アゼルバイジャン共和国は傀儡化される。グルジア共和国は、グルジア＝ドイツ条約によりドイツの庇護下に入る。●六月　メンシェヴィキ派グルジア・ソヴィエト議長ジョルダニア、グルジア共和国首相に就任。グルジア＝トルコ条約。●八月　ロシア・ソヴィエト共和国＝ドイツ条約。これによってロシア・ソヴィエト政府は、ドイツのグルジア共和国承認を認める。●九月　シャウミャーン、ジャパリーゼ他二四名のバクー・ボリシェヴィキ、イギリス軍の手で銃殺さる。●一〇月　ドイツ等中欧列強の崩壊に伴い、イギリス軍がカフカースへ進駐。
一九一九年●一二月　イギリス軍、バトゥームを除く地域から撤退。
一九二〇年●一月　パリの連合国最高会議、グルジア、アゼルバイジャン、アルメニア諸共和国を承認。●四月二七日　ボリシェヴィキのバクー蜂起と赤軍の介入とによって、アゼルバイジャン共和国は倒壊。

赤軍、アゼルバイジャン＝グルジア国境に集結。●五月二日　グルジア・ボリシェヴィキ、赤軍の国境を越えての更なる進撃を期待して蜂起。●五月五日　レーニン・スターリン、カフカース戦線革命軍事会議メンバー・オルジョニキーゼ宛「グルジア国境より赤軍は撤退し、グルジア侵攻は差し控えよ」との命令を出す。●五月七日　ロシア・ソヴィエト共和国＝グルジア共和国条約。ロシア・ソヴィエト政府はグルジア共和国を承認し、内政不干渉を約す。グルジア共和国は、アゼルバイジャン・ソヴィエト共和国を承認し、自国内でのボリシェヴィキの活動の自由を保証する。●九月カウツキー、ヴァンデルヴェルデ、マクドナルド等の代表団がグルジア共和国を訪問。●ロシア・ソヴィエト共和国＝アゼルバイジャン・ソヴィエト共和国軍事・経済同盟。●一二月　赤軍の介入を得て、アルメニア・ソヴィエト共和国成立。●グルジア共和国、国際連盟への加盟を要望するも失敗。

一九二一年●一月　グルジア共和国、連合国最高会議より法的承認を得る。●二月一一日－一二日　オルジョニキーゼの煽動下に、チフリスでボリシェヴィキの蜂起が勃発。●二月一四日　中央委員会、チフリス蜂起の報を既成事実として受け、支援を原則的に承認。レーニンの追伸「三倍もの注意を、最大限の注意を」。トロツキーは不在。●二月一六日　赤軍第一一軍（政治委員オルジョニキーゼ）グルジア国境を越える。グルジア革命委員会設立さる。●二月一七日　赤軍総司令官カーメネフ、共和国革命軍事会議議員代理スクリャンスキー宛に、第一一軍の独断的行動の結果「われわれはグルジア侵攻という既成事実に直面しており」これに伴う軍事的非常体制は「前線における全般的状況ならびに共和国軍事力の総体的諸条件を顧慮しえなかった第一一軍の偏狭なる決定の結果であることを強調しておきたい」と非難（『トロツキー・ペーパーズ』第二巻三八一頁）。●二月二一日　エカチェリンブルク滞在中のトロツキー、スクリャンスキー宛に「どうか私にグルジアに対する軍事作戦について、いつこれらの作戦が開始されたのか、また誰の命令によるのか等々について、簡潔なノートを用意してほしい。私は中央委員会総会のため、それを必要としている」（同書三八五頁）。●二月二五日　チフリス陥落――内戦の終結。同日、グルジア社会主義ソヴィエト共和国が宣言さる。●二月一六日　グルジア革命委員会、全権力を掌握と発表。●三月二日　この間沈黙を守ってきた「イズヴェスチヤ」、チフリスにソヴィエト体制が樹立されたと報道。●三月一〇日　レーニン、オルジョニキーゼ宛に「グルジア革命委員会と十全に連絡をとり、同委員会の指示に厳密に従うべきである……グルジアの権力機関に対しては特別の敬意をもって接するよう……グルジアの住民には格別の配慮と慎重さを示すようすべきである」（同書三九九頁）。●五月　ロシア・ソヴィエト共和国＝グルジア・ソヴィエト共和国条約。●七月　スターリン、チフリスの党集会で演説「郷土的民族主義に対する仮借ない闘争」を遂行し「民族主義的残りかすを赤熱した鉄火で焼き払い……民族主義の怪蛇を根絶」せよ（ドイッチャー『スターリン』第一巻一九三頁）。●九月　ロシア・ソヴィエト共和国＝アルメニア・ソヴィエト共和国条約。

一九二二年●一月二九日　トロツキーの政治局宛書簡「……彼〔イタリア外相デラ・トレッタ〕は連合国最高会議を代表している諸国家に加えて、法的に承認をうけているすべてのヨーロッパ諸国家が〔ジェノア会議に〕招聘されるであろう、と述べている。このことが、グルジア・メンシェヴィキ、アルメニア・ダシナキ、アゼルバイジャン・ムサヴァチストの招聘を意味していることには疑問をはさむ余地がない……グルジアに関するキャンペーン全体は、明らかにこの策動ときわめて密接に結びつけられている。私は、われわれが以下のような形でこれをきっぱりと断ち切るべきだと思う――『……国外の反革命組織（亡命ヂェニーキン派、グルジア人その他）を実際に招聘することは、この種の会議へのソヴィエト共和国の参加を絶対的に不可能とするであろうことはいうまでもない』……私は、こうした痛烈な、断固とした声明は、同時に目下グルジアに関して行なわれている煽動に関しても、有効なものとなると思う。われわれは、反撃に際して犯罪的なまでに立ち遅れてきた。外国語による私の小冊子〔本書〕（これはロシア語では今のところ未だ印刷されていない）が、会議の前夜にはぎりぎり間に合うよう刊行され、必要なところへは届けられよう。グルジア・ソヴィエト大会の決議〔本書に付録として収録〕についてもまったく同じである。このような条件をふまえれば、強固な、断固とした声明は、直ちに《グルジア》煽動から実際上の目的を奪い去るであろう。おそらくわれわれは、このような声明や通告を行なった後一週間ほどは、非難中傷を受け続けるであろうが、それ以降は、人びとは当惑した沈黙に陥るであろう。われわれの反撃が必要な効果をあげるのは、まさにその時点なのである」（『トロツキー・ペーパーズ』第二巻六六七—九頁）。●二月九日　トロツキーの政治局宛書簡「もしこの情報〔イギリス労働党が自国政府にジェノア会議でグルジア問題が第一番目に上程されるべきだとの提案を行なったということ〕が確認されたならば、私は全露労働組合中央評議会および各個別組合は以下の線に沿った決議を採択するよう勧告する『……メンシェヴィキとその同盟者どもは、グルジアにおいてそうであった如く、ロシア、ウクライナ、アゼルバイジャンおよびトルケスタンその他においてもまた労働者、農民によって放逐されたのである……もしイギリス政府がイギリス労働党が敷こうとしている路線に従おうとするのなら、われわれは、現実に抑圧され続けて来、現在自己の解放をめざして英雄的に闘っているエジプト、インドその他の植民地の解放という問題をわが代表団がジェノア会議の議題として提起するよう断固として主張する……』（同書六七七頁）。●二月二〇日　トロツキー、本書の序文を執筆。●三月　党カフカース局長オルジョニキーゼ、グルジア共産党員の反対を押し切り、アルメニア、アゼルバイジャンの支持をとりつけて、ザカフカース連邦（グルジア、アルメニア、アゼルバイジャンより成る）憲法草案を発表。グルジア共産党員は、メンシェヴィキ独立共和国下の経験から新たな民族感情をよびさまされ、しかも伝統的に民族主義的感情が強い住民大衆の支持を得てソヴィエト権力の基礎をつくることが先決だと主張していた。スターリン＝オルジョニキーゼとグルジア共産党中央委員マハラーゼ、ムジヴァーニ、オクジャーヴァ、カフタラーゼ、ツィンツァーゼ等の対立が激化。●四月　ジェノア会議。連合国はソヴィエト政府に帝政時代の債務の承認等を要求したが、ソヴィエト政府は連合国の干渉出兵による人的・物的被害を賠償せよと逆に要求した。政府代表チェチェーリン中途退席。●九月二四—五日　ロシア・ソヴィエト共和国連邦と各独立共和国との関係についての委員会で、スターリンの、各独立共和国は自治共和国としてロシア連邦に包括されるという「自治共和国化計画」が採択される。グルジア、白ロシア、ウクライナ各共和国これを拒否。レーニン、「ロシア連邦との対等・平等の連合による、ヨーロッパとアジアのソヴィエト諸共和国の連合体」（ソヴィエト連邦案）を提唱。●九月二七日　スターリンは、レーニンの修正案を「民族的自由主義」と非難しつつも、レーニンのソヴィエト連邦案に鞍替え。●九月二七—三〇日　レーニンは、グルジアのムジヴァーニ、オクジャーヴァ、ドムバーゼ、ミナーゼ等およびアゼルバイジャンのミヤスニコフ、さらにオルジョニキーゼと個別に会見し、ザカフカース連邦について討論する。依然としてグルジア共産党側はザカフカース連邦に反対し、ソヴィエト連邦にはザカフカース連邦の一員としてではなく独立共和国として加盟すべきだと主張。●一〇月六日　政治局、レーニンのソヴィエト連邦案を採択。同日、レーニンはカーメネフ宛に「私は大国的排外主義に対してどこまでも命を賭けて戦うことを宣言する」（レヴィン『レーニンの最後の闘争』邦訳五八頁）。●一〇月二一日　レーニン、ザカフカース連邦の受け入れ拒否についてグルジア党中央委員会〔マハラーゼ、ツィンツァーゼ等〕を非難。●一〇月二二日グルジア党中央委員会はモスクワの圧力に抗議して総辞職。オルジョニキーゼ、即座に新中央委員会を任命。●一一月　グルジアよりモスクワに向けてオルジョニキーゼに対する無数の訴えが発せられる。ツィンツァーゼのレーニン宛書簡。レーニンは、スターリン＝オルジョニキーゼ路線に疑いを抱きはじめる。●一一月二四日　レーニン、グルジア事件調査委員会の構成についての投票に棄権。●一一月二五日　ジェルジンスキー、マヌイルスキー、カプツカス＝ミツケヴィチによって構成された調査委員会がグルジアへ出発。●一一月末頃オルジョニキーゼがムジヴァーニ派のカバニーゼを殴打。レーニンは不安を感じ、オルジョニキーゼを一時党から除名し、休職にすることを要求。「レーニンにとっては、共産主義者の統治者が征服国で植民地総督のように振る舞っている姿は、一つの表象、全政治体制に襲いかかった疾病とそれが今なおもたらすかもしれぬ損失を示す由々しい徴候であった」〔レヴィン、同書七五頁〕。●一二月一三日　単一のザカフカース社会主義連邦ソヴィエト共和国成立。グルジアは強く反対。●一二月三〇―三一日　レーニン、グルジア問題についての遺言を口述。「私は、悪名高い自治共和国化の問題――公式にはソヴィエト社会主義共和国同盟の問題とよばれているようであるが――に十分力づよく、また十分するどく干与しなかった点で、ロシアの労働者にたいして大きな罪をおかしたようにおもわれる。……オルジョニキッゼが腕力をふるうという行きすぎをやるところまで事態がすすんだとすれば、われわれがどんな泥沼にはまりこんだかは想像にかたくない。明らかに、この『自治共和国化』の企ては根本的にまちがっており、時宜をえないものであった。……〔自治共和国化が保証する〕『同盟からの脱退の自由』が、ロシアの典型的な官僚のような、真にロシア的な人間、大ロシア人の排外主義者、実質上卑劣漢で暴圧者であるものの攻撃から、ロシア国内の異民族をまもる力のない、一片の反古となってしまうことは、まったく当然である。……問題は、真にロシア人的なデルジモルダ〔警察支配〕どもからほんとうに異民族をまもる措置を、われわれが十分に心をつかって講じたかどうか、ということである。……このばあいには、スターリンの性急なやり方と行政者的熱中が、さらに評判の『社会民族主義者』にたいする彼の憎しみが、致命的な役割を演じたとおもわれる。総じて憎しみは、政治では、通常、最悪の役割をはたすものである」「私はすでに、民族問題を論じた私のいろいろの著作のなかで、民族主義一般の問題を抽象的に提起してもなんの役にもたたない、と書いた。抑圧民族の民族主義と被抑圧民族の民族主義、大民族の民族主義と小民族の民族主義とを区別することが必要である。……プロレタリアにとってはなにが重要か？　プロレタリアにとって重要であるばかりか、ぜひとも必要なことは、プロレタリア階級闘争にたいする異民族の最大限の信頼を確保することである。……グルジア民族にかんする当面のばあいは、われわれが特別に慎重に、用心ぶかくふるまって、譲歩することが、問題にたいする真にプロレタリア的な態度にとって必要な典型的な例である。問題のこの側面を不注意に扱い、『社会民族主義』という非難を不注意に投げつけるグルジア人（ところが、彼自身がほんとうの、真の『社会民族主義者』であるばかりか、粗暴な大ロシア人的デルジモルダなのだ）は、実はプロレタリア的階級連帯の利益をそこなうものである」「……見せしめのために同志オルジョニキッゼを処罰し……この真に大ロシア人的・民族主義的なカンパニア全体にたいしては、もちろん、スターリンとゼルジンスキーに政治的責任をとらせなければならない。……資本主義世界を防衛している西欧帝国主義者を向うにまわして結束する必要があるということ（……）と、たとえ些細なことであろうとわれわれ自身が被抑圧民族にたいして帝国主義的な態度に陥り、そのため、自分の原則的な誠実さと、帝国主義にたいする闘争の原則的な擁護とをまったく台なしにするということとは、まったく別の事柄である。……」（全集、邦訳七一五―七二二頁）。

一九二三年●一月二五日　政治局会議（レーニン欠席）、ジェルジンスキー調査委員会のオルジョニキーゼを是とし、ムジヴァーニとグルジア共産党を非難する結論を承認。●二月一日　レーニン、ジェルジンスキー調査委員会の資料を政治局より入手し、私的委員会に調査を命ず。●三月五日　レーニン、トロツキー宛「……党の中央委員会においてグルジア問題の弁護を引き受けるよう切望する。その問題は現在スターリンとジェルジンスキーの手で『告発』されており、私は彼らが公平であることを当てにすることはできない。……」（トロツキー『偽造するスターリン学派』邦訳一三四頁）。●三月六日　トロツキー、レーニンへ受諾した旨を返事。同日、レーニンが、ムジヴァーニ、マハラーゼその他宛に「尊敬する同志たち、私はこの〔グルジア〕問題において心から諸君に味方する。私はオルジョニキーゼの粗暴とスターリンおよびジェルジンスキーの黙認とに憤慨している。私は諸君のために覚書と演説とを準備しつつある。　尊敬をもって　レーニン」（同書一三五頁）。●三月一〇日　レーニン、右半身麻痺と会話能力の喪失――政治活動終わる。

＊
＊
＊

問題はさらに進行する。だが、さしあたってグルジア問題の所在が何処にあったか、おおよそは了解されよう。

トロツキーは言う、「理想主義者や平和主義者は、つねに革命を《行きすぎ》のゆえをもって非難する。しかし大切な点は、《行きすぎ》は、歴史の《行きすぎ》そのものに他ならない革命の性格それ自身に端を発している、ということなのだ……私は、革命を否定しない。この意味において、私はクロンシュタット叛乱の鎮圧にかんして完全に責任を負うものである」（『クロンシュタット叛乱』一六二頁　鹿砦社）。本書についても、トロツキーは同じことを語ったに違いない。そして、そうした革命と歴史に対する態度も厳然としてある。だが、自らが直接に関知していようといまいと、断固として擁護したその一事（まさに「革命の根本問題」としてあったのである）が、擁護してゆくその足下から崩れてゆくのをトロツキーは目撃していたはずである。本書を記すことで外へ拡げられた彼の緊張空間は、革命の内なるグルジア問題へと凝縮してゆくことをもって、燃焼するものではなかったのか。しかし、そうした彼の姿は、少なくともグルジア問題に関しては、鮮やかではない。むしろ、死の床にあって最後の最後まで全力をあげて戦い、ついに力尽きたレーニンの姿の方が感動的でさえある。トロツキーの「構成においてはほとんど完全に農民、つまり小ブルジョアから成っているグルジア人は自国のソヴィエト化に激しく抵抗した。だがこうしてもちあがった大きい困難は、グルジアを無理矢理にソヴィエト化するさいにもちいられた軍事優先的で専横なやり方によって、一層激化したのである……これは明らかに自分〔スターリン〕の青年時代の強い民族感情にたいする過剰代償行為だった」（『スターリン』邦訳五六九―五七一頁）という抑制のきいた総括よりも、われわれは、死の床のレーニンの網膜にやきついたであろう荒寥としたグルジアの光景に、今こそ目を向けることから歩き始めたいと思う。本書が、そのための一つの契機になればと願っている。

＊　＊　＊

なお、特に明記していない場合、左記の各書を参考としたので、次に揚げておく。

トロツキー著　武藤他訳『スターリン』第二巻、合同出版、一九六七年。
トロツキー著　栗田他訳『わが生涯』下、現代思潮社、一九六一年。
トロツキー著　中野他訳『偽造するスターリン学派』現代思潮社、一九六八年。
トロツキー著　根岸訳『テロリズムと共産主義』現代思潮社、一九六二年。
トロツキー著　小林訳『黒人革命言』風媒社、一九六八年。
トロツキー著　山西訳『ロシア革命史』五、角川書店、一九五九年。
I・ドイッチャー著　上原訳『スターリン』I、みすず書房、一九六三年。
I・ドイッチャー者　田中他訳『武装せる予言者・トロツキー』新潮社、一九六四年。
E・H・カー著　原田他訳『ボリシェヴィキ革命』第一巻、みすず書房、一九六七年。
B・ウルフ著　菅原訳『レーニン　トロツキー　スターリン』紀伊國屋書店、一九六九年。
M・レヴィン著　河合訳『レーニンの最後の闘争』岩波書店、一九六九年。
R・ダニエルズ著　国際社会主義運動研究会訳『ロシア共産党党内闘争史』現代思潮社、一九六七年。
レーニン全集　第三六巻、大月書店。
長尾久著「ロシア十月革命の研究」社会思想社、一九七三年。
The Trotsky papers, vol.II Meijer, J. M. ed., Mouton Hague, 1971.

一九七三年五月一六日

訳　者

訳註

(1) **ジェノア会議**　第一次大戦後のヨーロッパの経済再建問題を協議するため、一九二二年四月一〇日、イタリアのジェノアに国際連盟によって召集された会議。ボリシェヴィキ政権は、連合国の干渉出兵による人的・物的損害を理由にツァーリ時代の債務承認を拒否し、代表チェチェーリンは中途退場した。

(2) **ミリュコーフ**、ペ・エヌ（一八五九—一九四三）カデット党首。臨時政府外相。一〇月革命後、反革命陣営に投ず。**ケレンスキー**、ア・エフ（一八八一—一九七〇）右翼エスエル。ミリュコーフ内閣の法相次いで陸海相。連立政府の首相。一〇月革命後亡命。**チェルノーフ**、ヴェ・エム（一八七六—一九五二）エスエル党創立者にして指導者の一人。ケレンスキー内閣の農相。憲法制定会議議員。一〇月革命後チェコスロバキア軍団の叛乱に参画。後に亡命。**マルトフ**、ユーリ（一八七三—一九二三）メンシェヴェキ国際派指導者。一九二一年亡命後、反ソ的論陣をはった。

(3) **メラン**、アルフォンス（一八七一—一九二二）フランスの労働運動家。革命的サンジカリスト。金属労連書記。一九〇五年アミアン大会では革命派に属し、モナット等と「労働者生活」を発行する。後、社会愛国主義に変節する。

(4) **ノスケ**、グスタフ（一八六八—一九四六）ドイツ社会民主党右派の指導者。キール総督、ベルリン総司令官、国防相としてドイツ革命を流血の中に窒息させた。**エーベルト**、フリードリヒ（一八七一—一九二五）ドイツ社会民主党議員。一九一八年には人民委員会議議長。一九一九—二五年にはワイマール共和国大統領。

(5) **ルクセンブルク**、ローザ（一八七〇—一九一九）ポーランド出身の革命家。ドイツ社会民主党左派の指導者。第一次大戦中に国際主義を貫き、リープクネヒト等と共にスパルタクス団（ドイツ共産党の前身）を創立、ノスケの白色テロルに倒れた。**リープクネヒト**、カール（一八七一―一九一九）　ドイツ社会民主党左派の指導者。一九一四年に戦時公債案に対し国会でただ一人反対投票を行なった。ローザと共に一九一九年一月闘争の中で虐殺された。

（6）　**ヘルジング**　ノスケと共にドイツ社会民主党右派指導者。一九二一年の中部ドイツの鉱山労働者を中心とするいわゆる三月行動を県知事として弾圧した。

（7）　**ヘンダーソン**、アーサー（一八六三―一九三五）　イギリス労働党指導者。第二インターナショナル活動家。第一次大戦中、ロイド・ジョージ連立政府に入閣、マクドナルド労働党内閣の内相、外相を歴任。

（8）　**コノリー**、ジェームズ（一八六八―一九一六）　アイルランド社会主義共和党の創立者。総同盟書記長およびアイルランド市民軍（ICA）司令官。アイルランド共和国軍（IRA）ダブリン師団長として一九一六年のイースター蜂起を戦い、五月、イギリス軍によって処刑された。

（9）　**ヴァンデルヴェルデ**、エミール（一八六六―一九三八）　ベルギー労働党および第二インターナショナル指導者。国会議員。第一次大戦に際して率先して入閣し、法・外相等を歴任。

（10）　**ロンゲ**、ジャン（一八七六―一九三八）　フランス社会党指導者、第二インターナショナル指導者。第一次大戦中、中道＝平和主義の立場をとった。カール・マルクスの孫。

（11）　**ロイド・ジョージ**、デイヴィッド（一八六八―一九四五）　イギリスの自由党指導者。首相や大臣を歴任し、帝国主義的方策を実行した。対ソ干渉の組織者の一人。

（12）　**ブリアン**、アリスティド（一八六二―一九三二）　フランスの外相。対独協調路線をとり、ロカルノ条約、ケロッグ＝ブリアン協定等の締結に努力した。

（13）　**クレマンソー**、ゲオルゲ（一八四一―一九二九）　フランスの保守的ブルジョワ政治家。第一次大戦末期には首相兼国防相。ヴェルサイユ講和の立役者で対ソ干渉の組織者の一人。

(14) **共産主義インターナショナル第三回大会……**

コミンテルン第三回大会で採択されたトロツキー、ヴァルガ起草の「世界情勢とコミンテルンの任務とに関するテーゼ」(一九二一年七月四日)と思われる。

(15) **スノーデン**、エセル　イギリス独立労働党および労働党指導者で下院議員から労働党政権の蔵相となったフィリップ・スノーデンの夫人。一九二〇年五月、労働党代表団の一員としてバートランド・ラッセル等と共にソヴィエト連邦を訪問した。旅行記『ボリシェヴィキ・ロシアを巡る』もある。

(16) **ユイスマン**、カミユ(一八七一―?)　ベルギーの社会民主主義者。第一次大戦中は社会愛国主義者。後にヴァンデルヴェルデ政府の文相。**エルベ**、グスタフ

フランスの社会民主主義者で第二インターナショナルの指導者。社会愛国主義に転ず。

(17) **ドーデ**、レオン　フランスの王党派の指導者。有名な作家アルフォンス・ドーデの息子。

(18) **カウツキー**、ルイゼ　カール・カウツキー夫人。

(19) **カウツキー**、カール(一八五四―一九三八)　ドイツ社会民主主義および第二インターナショナルの最大の理論的指導者にして代表的人物。第一次大戦中は国際主義と社会愛国主義の間を動揺し、一〇月革命後はボリシェヴィキに敵対した。

(20) **ジョルダニア**、エヌ・エヌ(一八七〇―一九五三)

グルジア社会民主党の創立者。グルジア・メンシェヴィキの重鎮として一〇月革命後、グルジア共和国首相となる。後亡命。

(21) **ツェレチェリ**、イ・ゲ(一八八二―一九五九)　メンシェヴィキ指導者。第二インターナショナル執行委員。チヘイゼと共に二月革命後、ペトログラード・ソヴィエトを指導し、ケレンスキー内閣に入る。グルジア共和国で活動した後、亡命。

(22) **ムサヴァチスト**　アゼルバイジャンを本拠とする、エム・ジャファロフ等の指導する回教民族主義派。

(23) **ダシナキ**　一八九〇年代初頭に生まれたアルメニアのブルジョワ民族主義的政党。一九一八―二〇年

には、ゲ・チェル＝ガザリャーン等の指導下に反革命の拠点となった。

(24) **クバーン・ラーダ**　ブイチ首相指導下のクバーン軍政府とクバーン軍ラーダ議長リャボヴィル、クバーン・カザークのアタマンたるフィリモーノフ等を中心とする反革命勢力を示す。

(25) **ドン・グループ**　一〇月革命後、ドン州連合軍政府を中心に反革命活動を行なったドン・カザークのアタマン、カレーヂン将軍およびその後継者クラスノーフ将軍等の一派。

(26) **ペトリュリスト**　ペトリューラ派。エス・ヴェ・ペトリューラ（一八七七—一九二六）は、ウクライナ社会民主党員で、二月革命後ウクライナの地主・ブルジョワジーがキエフに樹立した民族主義的・分離主義的ウクライナ・ラーダの軍事総書記。一〇月革命後も中央ラーダの軍事総書記としてソヴィエト政府に対抗した。

(27) **ルノーデル**、ポール（一八七一—一九三八）　フランス社会党および第二インターナショナル右派の指導者。「ユマニテ」の主筆。第一次大戦中は社会愛国主義者。

(28) **チヘイゼ**、エヌ・エヌ（一八六三—一九二六）　メンシェヴィキの長老。二月革命後ペトログラード・ソヴィエト議長。一〇月革命後、グルジア憲法制定会議議長。亡命後自殺。**ダン**、エフ・イ（一八七一—一九四七）　メンシェヴィキ指導者。第一回ソヴィエト大会中央執行委員。一〇月革命後亡命して第二インターナショナルで反ソ活動を行なった。

(29) **ゲゲチコーリ**、エフ・ペ（一八七九—一九五四）　メンシェヴィキ指導者。一〇月革命後、カフカース議会議長、次いでグルジア共和国外相。後に亡命。

(30) **チヘンケリ**、ア・イ（一八七四生）　メンシェヴィキ派著述家。第一次大戦中は社会愛国主義者。グルジア共和国外相。後に亡命。

(31) **ブキャナン**、ジョージ　帝政ロシア駐在イギリス大使。ケレンスキー政権下も同職に留まった。ソヴィエト政権には敵対的であった。著書『ロシアに使して』がある。

(32) **クラスノーフ**、ペ・エヌ(一八五九生) コルニーロフ叛乱に参加。一〇月革命後、白衛軍将軍としてドン地方をドイツ軍と共に転戦、後に亡命。

(33) **チャイコフスキーとミレル将軍の政府** チャイコフスキー(一八五〇—一九二六)はナロードニキ革命家の長老。その「チャイコフスキー団」は有名。第一次大戦中は社会愛国主義の立場をとり、一九一八—一九年には、イギリス軍の援助の下にアルハンゲリスクに白色政権を樹立し、その首班となる。後に亡命。ミレル将軍(一八六七生)は、チャイコフスキー政府の陸相兼外相。後に亡命。

(34) **ヂェニーキン**、ア・イ(一八七二—一九四七) コルニーロフ叛乱に参加。一〇月革命後、義勇軍を編制し、コルチャークと結んで北カフカース、ウクライナを席捲。一九一九年一〇月の敗北後亡命。**ヴランゲリ**、ペ(一八七八—一九二八) ヂェニーキン軍壊滅後、「司令長官」と称し、英仏を後楯にクリミアでソヴィエトに抵抗した。一九二〇年一一月の敗北後、コンスタンチノープルに逃れた。

(35) **ヴァンデ** 一七九〇年のフランス革命におけるヴァンデ地方を中心とした反革命の呼称。

(36) **コルニーロフ**、エリ・ゲ(一八七〇—一九一八) ケレンスキー政権下に総司令官となり、有名な反ソヴィエト叛乱を起こした。一〇月革命後、白衛軍を指揮してロストフに拠り戦ったがエカチェリノダール攻防戦で戦死。

(37) **ラミシヴィリ**、イ・イ(一八八一生) グルジア・メンシェヴィキ。二月革命後にペトログラード・ソヴィエトで活動。グルジア共和国内相。後に亡命。

(38) **カレーヂン**、ア・エム(一八六一—一九一八) ドン・カザークのアタマン(首領)。一〇月革命後、ドン州の独立を言言してロストフを占領したが、一九一八年一月、反革命派の前途に悲観して自殺。

(39) **カラジョルジェヴィチ家** 一九世紀後半よりのセルビア王国の王家で、ユーゴスラヴィアの前身たるセルブ・クロアート・スロヴェーン(一九一八年に統一された）王国の王家。

（40）**アルカディア王国**　アルカディアはペロポネソス奥地の古名。転じて、牧歌的田園生活の営まれる理想郷のこと。

（41）**キュールマン男爵**　当時のドイツ帝国外相。**ツエルニン**伯爵は同じくオーストリア・ハンガリーの外相。

（42）**マクドナルド**、ラムゼイ（一八六六―一九三七）イギリス労働党首。第一次大戦中は平和主義者。一九二四―二九年には労働党内閣の首相となり帝国主義＝自由主義的政策をとった。

（43）**義勇軍**　一九一七年一二月一八日、カレーヂン、アレクセーエフ、ヂェニーキン、マルコフ、ロマノフスキー、ルコムスキー、コルニーロフ等の反革命将軍がノヴォチェルカッスクに於いて協議を行ない、創設された反革命軍。主として旧将校、ユンケル、カザーク、学生からなり、コルニーロフが戦死した後はヂェニーキンが司令官となった。

（44）**マンネルハイム**、カール（一八六七―一九五一）フィンランドの軍人。一九一八年、フィンランドで白衛軍を組織し革命を弾圧し、以後、独裁者となった。

（45）**シャウミャーン**、エス・ゲ（一八七八―一九一八）ボリシェヴィキ。一九一七年八月の第六回党大会で中央委員となった。一一月に樹立されたバクー・ソヴィエト議長。一九一八年四月にはバクー県人民委員会議議長。九月、イギリス占領軍の手で銃殺された。

（46）**ジャパリーゼ**、ア・ぺ（一八八〇―一九一八）ボリシェヴィキ。第六回党大会で中央委員候補となった。カフカースにおけるソヴィエト権力の最初の組織者。シャウミャーンと共に銃殺された。

（47）**ユヂェーニチ**、エヌ・エヌ（一八六二―一九三三）カフカース軍総司令官。一〇月革命後、エストニアで反革命「北西軍」を編制してペトログラード進撃を策した。敗北後亡命。

（48）**サンバ**、マルセル（一八六二―一九二二）フランス社会党指導者。ジャーナリストで下院議員。第一次大戦中に労相としてブルジョワ内閣に入閣。社会愛国主義者の代表とされている。

(49) **ヒルファーディング**、ルドルフ（一八七七—一九四一）　オーストリア・マルクス主義の理論的代表者。第一次大戦中はカウツキー主義者。ドイツ社会民主党国会議員をへて、一九二三年、二八年にはワイマール共和国蔵相。後にナチに殺された。『金融資本論』の著者。

(50) **ウィルソン**、ウッドロー（一八五六—一九二四）　アメリカの第二八代大統領。第一次大戦中に「一四箇条」の和平提案や国際連盟等を提唱して、自由主義者や社会愛国主義者から歓迎された。

(51) **カーゾン**、ジョージ・ナタニエル（一八五九—一九二五）　イギリス保守党員で外交専門家。インド総督をへて一九一九—二三年外相となり、チャーチルと共にソヴィエトに対する激しい敵対者となった。

(52) **ブジョンヌイ**、エス・エム（一八八三生）　日露戦争、第一次大戦に参加し、一〇月革命後に赤軍騎兵隊を編制、第一騎兵軍団司令官としてヂェニーキン等と戦った。後に国防人民委員代理となった。

(53) **ピルスーツキー**、ヨーゼフ　ポーランド社会党員。一九一八年一一月ポーランド共和国を宣し、一九二〇年には反ソヴィエト派ウクライナを支援して、キエフ等々を占領した。二六年にはクーデタを起こし、軍部独裁制を敷いた。

(54) **ミルラン**、アレクサンドル（一八五九—一九四三）　パリの弁護士で一八八五年代議士に当選。一八九九年にはヴァルテック＝ルソー内閣に社会党員として初めて入閣。その後社会党を離れ、国防相を幾度かつとめ、一九二〇年には首相次いで大統領となる。

(55) **ポンティオ・ジョルダニア**　キリストを処刑したローマのユダヤ総督ポンティオ・ピラトになぞらえている。

(56) **リガ条約**　一九二一年リガに於いて締結されたソヴィエト・ロシアとピルスーツキーのポーランドとの講和条約。これによってウクライナと白ロシアの一部がポーランドに割譲された。

（57）**マンチェスター自由主義派**　一九世紀初頭にイギリスの紡績業中心地マンチェスターを本拠として、産業革命後の資本家の利益を背景に保護制度に対して経済的自由主義を唱えたコブデン等の急進的グループを指す。

（58）**グラッドストーン**　イギリスのブルジョワ左派の政治家。

（59）**ネストル**　ギリシア神話中に登場するトロイア戦役時のギリシアの老将で知恵者。

（60）**ラッサール**、フェルディナンド（一八二五―一八六四）ドイツ労働運動の代表的指導者。一八六三年に合法主義を主張する「全ドイツ労働者同盟」を創立した。これは、後にドイツ社会民主党に合流した。

（61）**ラスプーチン**、ゲ・イェ（一八七二―一九一六）シベリア出身の僧侶。ニコライ二世の皇后にとりいり、ロシア宮廷を陰謀と退廃の極みにおとし入れた。ためにドミトリー大公等の手で暗殺された。

（62）**コミンテルンの第一宣言**　コミンテルンの創立大会で採択されたトロツキー起草の「全世界プロレタリアートに対する共産主義インターナショナルの宣言」（一九一九年三月六日）と思われる。

（63）**パレオローグの回想録**　駐露フランス大使モーリス・パレオローグ著『第一次大戦中の帝政ロシア』（"La Russie des Tsars pendant la Grand Guerre", Paris, 1922）であろう。

（64）**ルイ・カペー**　ルイ一六世のこと。彼はカペー王朝の子孫としてブルボン家を継いだ。

（65）**サゾーノフ**、エス（一八六一―一九二七）一九一〇―一六年の帝政ロシアの外相。一〇月革命後は、コルチャーク、次いでヂェニーキンの在外代表となった。

（66）**ルナン**、エルネスト（一八二三―一八九二）フランスの実証的宗教史家。キリストを人間として描いた『イエス伝』を書いて、社会問題化した。

（67）**ドルイド**　古代ケルト族のドルイド教の僧のこと。

赤軍と白軍の狭間に

2017年7月30日　第1刷発行

著　者　　レフ・トロツキー

訳　者　　楠木俊

発行所　　株式会社風塵社《ふうじんしゃ》
　　　　　〒113-0033　東京都文京区本郷3-22-10
　　　　　TEL 03-3812-4645　FAX 03-3812-4680

印刷：吉原印刷株式会社／製本：鶴亀製本株式会社
装丁：閏月社

†復刊ライブラリー

『赤軍と白軍の狭間に』

レフ・トロツキー著、楠木俊訳

内戦末期、レーニン“最後の闘争”となるグルジア（現ジョージア）問題に直面したトロツキーの逡巡と確信。現在のコーカサス問題に連なる歴史的文脈で、トロツキーは西側を激しく糾弾する。

『赤軍　草創から粛清まで』

エーリヒ・ヴオレンベルク著、島谷逸夫・大木貞一訳

冷厳なる革命の現実を縦糸に、トゥハチェフスキーらのおりなす葛藤を横糸に、制服なき無産将軍が自らの体験と豊富な史料を駆使して綴った赤軍史。

『赤軍の形成　ドキュメント赤軍論争史』

トロツキー・レーニンほか著、革命軍事論研究会訳

赤軍建設への苦闘を、３回にわたる党大会での軍事反対派との論争より再現。ツァーリの軍隊を、いかにして労農赤軍へと再組織化するか。トロツキーは民兵制度を提言する。

〈続刊予定〉『マフノ叛乱軍史』『クロンシュタット叛乱』『ブハーリン裁判』

風塵社